혁신적인 기술로
미래를 설계하는

# 생성형 AI 전문가

혁신적인 기술로
미래를 설계하는

생성형
AI 전문가

김세준 지음

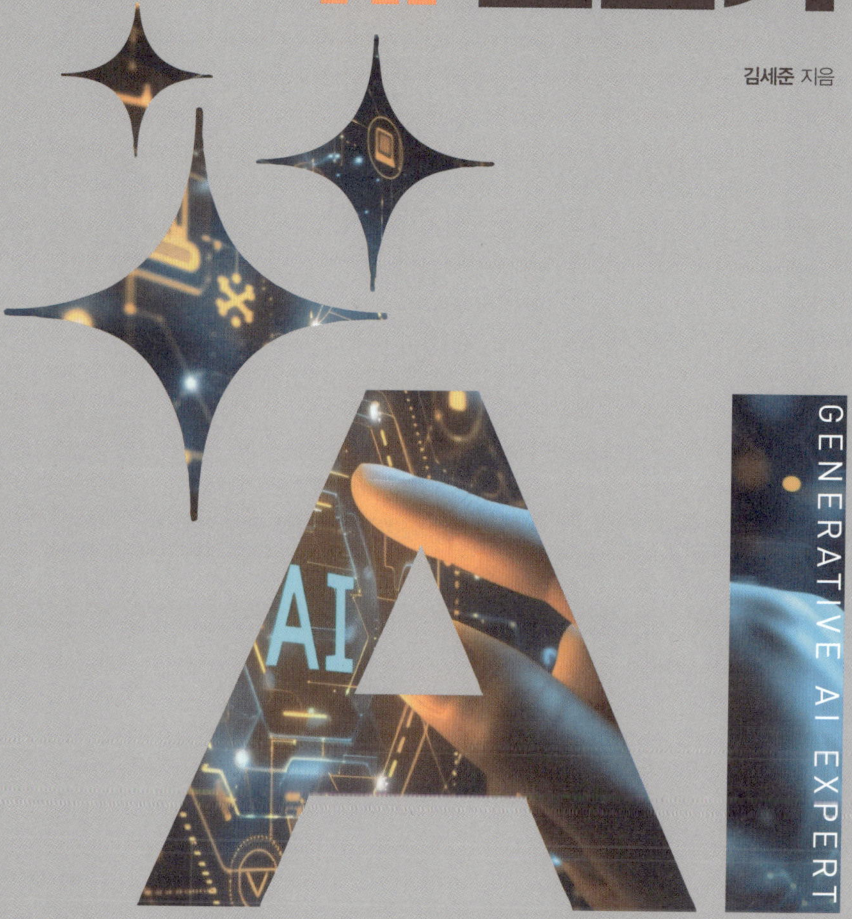

TALK SHOW

"
미래를 예측하는 가장 좋은 방법은
그것을 창조하는 것이다.
The best way to predict the
future is to create it.
"

- 피터 드러커 Peter Ferdinand Drucker

"

생성형 AI는 창의성과
혁신을 위한 강력한 도구이지만,
윤리적이고 책임감 있게 사용되어야 한다.

Generative AI is a powerful tool for creativity and
innovation, but we need to ensure that it is used
ethically and responsibly.

"

- 샘 알트먼 Sam Altman

# C·O·N·T·E·N·T·S

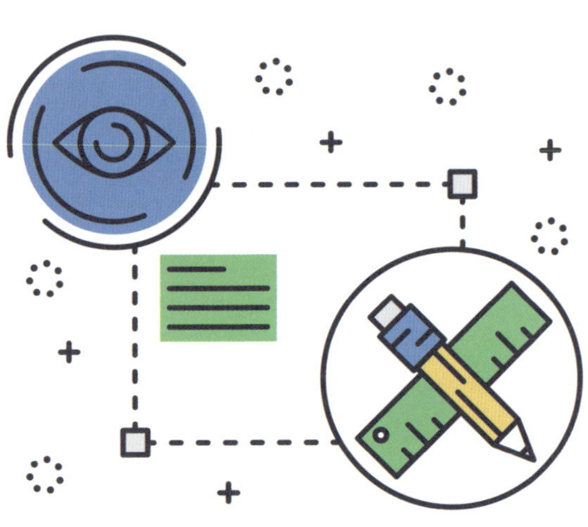

# GENERATIVE
# AI EXPERT

# 생성형 AI 전문가 김세준의

# 프러포즈

안녕하세요, 청소년 여러분! 생성형 AI 전문가 김세준입니다. 인공지능을 처음 공부하게 된 것은 대학원에서 인공지능 프로그래밍을 접하면서부터였어요. 기존에는 데이터를 기반으로 통계학적인 분석을 위주로 공부했는데, 대학원에서 머신러닝과 딥러닝을 더 배우면서 인공지능에 흥미가 생겼어요. 처음부터 AI 전문가가 되어야겠다는 생각은 없었지만, 방대한 양의 데이터를 학습하고 결과를 내놓는 AI에 매력을 느끼고 관심이 흐르는 대로 따라갔더니 지금 이 자리에 서 있네요.

저는 새로운 무언가를 창작해 내는 것을 무척 좋아합니다. 창작은 사람의 손을 거쳐야만 하는 것으로 여기는데, 컴퓨터 프로그래밍도 창작의 영역이라는 생각이 들어서 흥미를 갖게 되었어요. 그러다 기존에 나와 있는 프로그래밍 결과물들을 보면서, 이보다 더 나은 것을 만들어서 사람들에게 알리고 새로운 경험을 제공하고 싶다는 목표를 가지게 되었습니다.

　　여러분은 ChatGPT나 Gemini와 같이 대화가 가능한 인공지능을 쓰고 있나요? 혹은 이미지, 노래, 영상 등을 만들어 주는 인공지능 서비스를 써본 적이 있나요? 사용해 보았다면 어떤가요? 원하는 결과물을 얻었나요, 아니면 실망했나요? ChatGPT가 처음 나왔을 때 기대에 못 미쳐 실망했다는 사람들의 반응이 꽤 많았어요. 그런데 지금은 어떤가요? 꽤 짧은 시간밖에 지나지 않았는데 엄청난 발전을 이루지 않았나요? 이게 생성형 AI의 매력입니다. 사용하면 할수록 더 정교하게 사용자의 요구에 답하고, 창작하는 실력이 늘어나는 것 말이에요.

　　이게 다가 아닙니다. 생성형 AI 기술은 세상에 존재하는 모든 기술 중에서 일의 효율성을 획기적으로 증대시킬 수 있는 대표적인 기술입니다. 생성형 AI로 인해서 사회적인 발전이 빠르게 이루어시고, 수많은 분야에서 효율성이 증대되고 있습니다. 이러한 기능성을 보고, 진 세계의 유명한 회사들과 여러 나라의 정부와 기업들은 수천조 원 이상을 투자하면서 세상을 빠르게 변화시켜 나가고 있어요.

하지만, 이러한 빠른 기술 발전 속도에 비해 아직 생성형 AI가 무엇인지 모르는 사람들이 매우 많아요. 또 오해도 많습니다. 흔히 AI가 사람들을 대체할 것이라 하는데, AI를 잘 쓰는 사람이 AI를 못 쓰는 사람을 대체한다는 표현이 더 정확합니다. 그러면 모든 사람이 다 AI 전문가가 되어야 한다는 것일까요? 아닙니다. 의료든 교육이든 사업이든 어떤 분야에서 일하더라도 AI를 활용할 줄 알아야 한다는 뜻입니다. 농담으로 "세상에는 두 종류의 사람이 있다. AI를 사용할 줄 아는 사람과 사용할 줄 모르는 사람이다"라는 말이 있어요. 그만큼 지금 우리 곁에 AI는 성큼 다가와 있고, 여러분이 직업을 가지는 시기에는 AI 활용 능력이 필수가 될 거라는 의미입니다.

그렇다면 모든 사람이 다 생성형 AI 전문가처럼 고도의 지식을 갖춰야 할까요? 그것도 아닙니다. 생성형 AI 기술을 직접 개발하지는 않더라도, 세상에 나와있는 다양한 생성형 AI 서비스들을 잘 활용하면 그것으로도 충분합니다. 써보다가 더 전문적으로 알고 싶고 생성형 AI를 발전시키고 싶다면 그때 생성형 AI 전문가를 꿈꿔 보는 겁니다.

제가 기존에 없던 새로운 것들을 만들어내는 생성형 AI가 무척 신기하고 재미있어서 생성형 AI 전문가가 되었듯이, 새로운 것을 만드는 즐거움을 느끼고 싶고, 이를 통해서 세상에 크고 작은 긍정적인 변화를 만들어가고 싶다면, 생성형 AI 전문가라는 직업을 추천합니다. 변화가 많은 기술 분야이다 보니 어쩌면 좀 더 쉽게, 좀 더 재미있게 변화될 수도 있겠지요. 어떤 것이더라도 생성형 AI 기술을 적극적으로 활용해 여러분의 꿈을 찾기를 바랍니다.

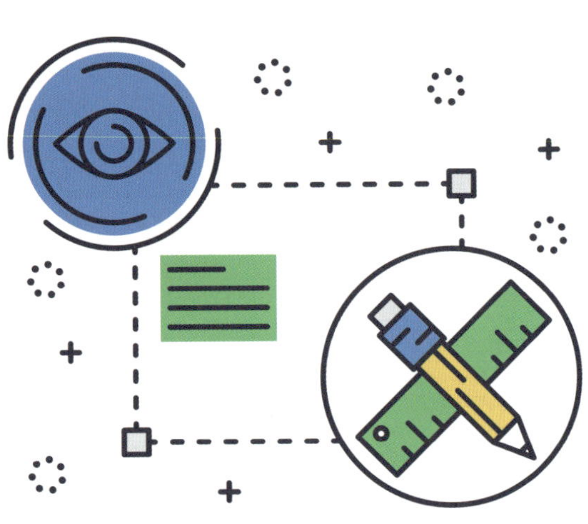

# GENERATIVE
## AI EXPERT

# 첫인사

편 토크쇼 편집자

김 생성형 AI 전문가 김세준

편 최근에 직업이나 산업의 미래를 이야기할 때 꼭 등장하는 단어가 있어요. 바로 'AI', 인공지능인데요. 단순히 등장하는 수준이 아니라, 이제는 AI가 변화를 이끄는 주인공이라고 해도 과언이 아닙니다. 그래서 오늘은 세상의 변화를 이끄는 생성형 AI를 개발하고 활용하는 전문가를 모시고 이야기를 들어보려고 합니다. 안녕하세요, 김세준 님. 뵙게 되어 반갑습니다.

김 안녕하세요, 현재 PwC삼일회계법인에서 생성형 AI 팀을 리딩하고 있는 김세준입니다.

편 생성형 AI 전문가로서 회계법인에서 일하고 계시는데, 어떤 일을 하시는지 간단하게 말씀해 주세요.

김 제가 하는 일은 회계 업무에 최적화된 생성형 AI 서비스를 구축하는 것입니다. 회계는 나가고 들어오는 돈의 흐름을 기록하는 거예요. 그 일을 전문으로 하는 직업이 회계사이고, 회계사들이 모여 기업이나 기관에 회계, 세무, 경영 관련 서비스를 제공하는 곳이 회계법인이에요. 회계 업무는 돈의 흐름을 기록하는 것에 그치지 않고, 관련된 법률 지식도 갖추어야 해요. 분쟁이 발생하거나 법률적인 문제가 생기기 때문인데요. 이런 문제를 해결하려고 할 때 자료를 찾고 적용할 법률을 찾는 일이 중요한데, 시간도 걸리고 어려워요. 저는 회계사들이 이런 회계 업무를 빠르고 쉽게 할 수 있도록 생성형 AI 서비스를 구축하고 있습니다.

편 처음에 김세준 님을 소개받았을 때 회계법인에서 일한다고 하셔서 좀 의아했어요. 제 생각에 생성형 AI 전문가는 오픈AI나 구글과 같이 AI를 개발하는 회사에서 근무할 줄 알았거든요.

김 그렇게 생각하는 분들이 많은데요. 현재 이 분야에서 일하는 사람들의 업무에 변동이 일어나고 있어요. 생성형 AI 도구가 나올 때는 개발하는 일에 전문가들이 집중했다면, 지금은 이 도구를 각종 산업에 적용할 수 있도록 AI 서비스를 구축하는 일로 옮겨가는 거죠. 그래서 저처럼 기업에 소속되어 일하는 전문가들이 많습니다.

편 이 분야가 발전하는 속도가 엄청나게 빨라서 평범한 저로서는 변화를 따라잡기 어려워요. 개발자들이 많이 필요해 몸값이 높다는 기사가 난 지 몇 년 지나지 않았는데, 얼마 전 미국의 어떤 기업에서 개발자들이 해고되었다는 기사가 있었어요. 이런 현상은 어떻게 봐야 하는 건가요?

삼일회계법인 AI 팀원들

김  발전의 속도가 빨라서 관련 직업도 빠르게 변화하는 건 사실이에요. 이 분야에 AI 개발자도 있지만 일반 개발자도 많이 있어요. 일반 개발직무의 경우에는 이미 AI에 의해서 많은 부분이 대체되고 있어요. 그에 따라 업무가 없어지는 것인데, 기술의 개발과 발전 단계에서 일어나는 당연한 변화라고 보시면 될 것 같아요. 예전에 자동차 엔진이 개발되었을 때를 생각해 보세요. 엔진 자체가 개발될 시기에는 너도나도 개발에 뛰어들었어요. 그러다 엔진 개발이 끝나고 실용화 단계로 나아가자 더 이상 다수의 개발자가 필요하지 않게 되었어요. 그러면 그 많던 개발자들은 다 어디로 갔을까요? 엔진을 발전시키고 활용하는 분야로 옮겨갔어요. 인력의 배치가 조정되는 기간이 있었겠지만 개발하면서 익힌 기술로 할 수 있는 일이 더 많아진 거예요.

편 지금의 현상을 보면 AI 분야에서 개발자는 줄어들고 AI 기술을 활용하는 전문가가 훨씬 증가할 거라고 예측할 수 있는 건가요?

김 그렇습니다. 기존의 개발자에게 필요했던 능력은 개발 기술이 90%이고, 나머지 10% 정도가 활용 능력이었어요. 그런데 앞으로는 다른 산업 분야에 활용하는 응용력이 훨씬 뛰어난 전문가를 더 필요로 할 거라고 예상합니다. 저부터도 그런 경우이고요. 그래서 미래를 준비하는 청소년이라면 AI라는 도구를 어디에 어떻게 쓸 것인가를 고민하는 게 중요하다고 봅니다.

편 이 분야가 아직 변화가 심한 단계이기 때문에 조금 혼란스러운 면이 있다고 생각합니다. 김세준 님은 이 직업을 청소년에게 어떻게 소개하시겠어요?

김  생성형 AI 기술 자체를 깊이 아는 것은 물론이고, 기술을 잘 활용해서 문제를 해결할 수 있는 사람이 진정한 전문가라고 생각해요. 특정 산업에 대한 지식과 감각, 문제의 본질을 이해하고, 그 안에 AI를 적절하게 접목할 수 있는 사람이 진짜 전문가인 거죠.

편  정리하면, AI 기술을 활용할 수 있는 사람들이 의료, 교육, 금융, 콘텐츠 등의 산업을 이해하는 비즈니스 감각을 익혀 산업에 활용할 AI 서비스를 구현하는 사람이 전문가라고 할 수 있다는 거네요?

김  맞습니다. 이제는 AI 기술을 산업에 어떻게 활용할 수 있느냐가 핵심이에요.

편  이 직업과 관련한 구체적인 이야기는 앞으로 인터뷰를 진행하면서 풀어나가도록 하겠습니다. 김세준 님은 초·중·고등학생을 대상으로 한 진로 교육에 관심이 많으신데, 그 이유가 있을까요?

김  생성형 AI는 미래의 변화를 견인하는 역할을 할 텐데, 아직 우리 사회는 그 변화의 폭과 깊이에 대한 이해가 조금 부족한 것 같다는 생각을 합니다. 그래서 AI가 가져올 미래의 변화될 직업들에 대해 미래세대와 함께 이야기를 나누고 싶었어요. 실제로 교육청과 같은 교육기관에서 주관하는 진로교육 프로그램에서 인공지능과 청소년의 미래에 대한 강연을 하고, 멘토링 활동도 하고 있습니다. 이런 활동을 통해 아이들이 자신의 미래, 사회의 미래를 구체적으로 그려보았으면 하는 바람이죠.

편 김세준 님의 바람이 청소년들에게 전해지기를 바라며 생성형 AI가 만들어갈 미래의 이야기를 시작합니다.

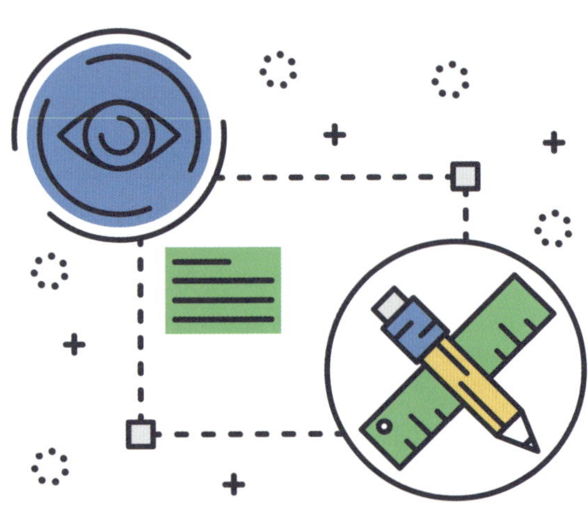

# GENERATIVE
# AI EXPERT

# 생성형 AI란

# 생성형 AI는 무엇인가요

편 요즘 어디를 가나 사람들이 가장 많이 하는 이야기가 생성형 AI인데요. 먼저 생성형 AI라는 뜻부터 알아야 할 것 같아요.

김 생성형 AI라고 할 때 '생성형(生成形)'은 한자어 조합으로 새로운 무언가를 만들어내는 방식이라는 뜻이에요. 기존의 AI가 정답을 찾거나 분류하는 데 집중했다면, 생성형 AI는 스스로 새로운 것을 만들어내는 데 초점이 있어요.

편 기존의 AI와 어떻게 다른가요?

김 기능의 차이가 가장 큽니다. AI라고 하면 예전에는 '이메일이 스팸인지 아닌지 분류해 주고', '이 사람이 내일 구매할 확률이 얼마나 되는지 예측해 주는' 정도의 기술들을 떠올렸어요. 입력된 데이터에 따라 딱 정해진 답을 맞히는 게 AI의 목표였던 거예요.

그런데 요즘 화제가 되고 있는 AI는 좀 다릅니다. 생성형 AI는 기존의 AI처럼 정답을 찾기보다는 새로운 걸 만들어내는 게 주된 역할이에요. 예를 들면, '여름휴가에 어울리는 여행 광고 문구를 써줘' 하면 정말 그럴듯한 문장을 새로 만들어주고, '강아지와 고양이가 노는 풍경을 그려줘' 하면 아무도 본 적 없는 이미지를 뚝딱 그려줘요. 기존 데이터는 참고하되, 결과물은 완전히 새로운 거죠. 그래서 '생성형', 즉 '무언가를 만들어내는' AI라고 부르는 거예요.

기존 AI는 주로 예측이나 분류처럼 판단 중심의 기능을 했다면, 생성형 AI는 창작 중심의 기능을 해요. 마치 기존 AI가 시험 문제의 정답을 맞히는 학생이라면, 생성형 AI는 그림 그리고, 시 쓰는 예술가 같은 느낌입니다. 물론 생성형 AI가 계속 발전하면서 예측이나 분류 같은 판단 중심의 기능을 포함한 다양한 영역이 이제는 다 가능한 수준에 이르렀죠.

## AI 개발의 역사에 대해 알려주세요

편 AI 개발의 역사적인 흐름을 간략하게 짚고 가겠습니다. 먼저 AI는 누구에 의해 언제부터 개발된 건가요?

김 인공지능 개념의 초기 설계자는 현대 컴퓨터 과학의 아버지로 불리는 앨런 튜링Alan Turing이에요. 1950년, 그는 논문 「Computing Machinery and Intelligence」에서 '기계가 생각할 수 있는가?'라는 질문을 던졌어요. 이 논문에서 제안된 개념이 바로 튜링 테스트입니다. 인간과 AI가 대화했을 때, 사람이 기계와 사람을 구별하지 못하면 그 기계는 '지능적'이라고 본다는 것이죠.

실제로 AI 개발이 본격적으로 시작된 시점은 1956년 다트머스 회의Dartmouth Conference입니다. 존 매카시John McCarthy, 마빈 민스키Marvin Minsky, 클로드 섀넌Claude Shannon 등 당대 천재들이 모여 기계가 인간처럼 지능적으로 행동할 수 있는 방법을 연구하자고 제안했어요. 이때 처음으로 'Artificial Intelligence(인공지능)'라는 용어가 등장했고, 이를 계기로 AI는 하나의 학문 분야로 자리잡게 됩니다. 이후 AI는 규칙 기반 전문가 시스템으로 발전했으나, 1970~80년대엔 기대에 못

미처 'AI 겨울'이라고 부를 정도로 기술의 답보 상태에 머물렀어요. 1990년대에는 통계적 머신러닝이 도입되며 개발의 활기가 돌았고, 2010년대에는 딥러닝 기술과 GPU 발전으로 이미지·음성 인식 등에서 큰 성과를 냈습니다. 이후 생성형 AI가 등장하며 창작과 대화 영역까지 확장되었고, 현재는 초거대 언어모델 기반의 AI가 산업 전반을 혁신하고 있어요.

편 인공지능이라는 아이디어의 탄생부터 최근의 성과까지 따져보면 꽤 오랜 시간 기술 개발이 이루어진 거네요. 하지만 보통 사람들이 인공지능이라는 단어를 알게 된 것은 오래되지 않았는데, 몇 년 사이에 생성형 AI가 개발되어서 놀라웠어요. 생성형 AI의 발전에 영향을 미친 계기가 있나요?

김 생성형 AI의 발전에 큰 영향을 끼친 것은 '오픈 소스'의 등장인 것 같아요. 컴퓨터 과학계에서는 소프트웨어를 개발할 때 프로그램의 내부 설계(소스 코드)를 공개하고, 누구나 접근하고 사용할 수 있게 허용하는 방식을 사용했어요. 단순히 공짜라는 의미가 아니라, 자유로운 수정, 공유, 기여가 가능한 개방형 협업 모델이었던 거예요. 이 방식을 AI 개발에서도 사용하는데, 그것을 '오픈 소스Open Source'라고 합니다. 소프트웨이의 설계두에 해당하는 소스 코드를 공개해 누구나 자유롭게 사용, 수정, 배포할 수 있게 한 거예요. AI 분야에서 이 오픈 소스의 등장은 기술 발전의 속도와 범위에 엄청난 영향을 미쳤습니다.

## 오픈 소스

소스 코드를 공개하는 일, 즉 '오픈 소스' 문화는 컴퓨터 과학의 역사와 함께 시작되었습니다. 1950~60년대 초창기에는 기업, 대학, 연구소에서 개발한 소프트웨어의 소스 코드를 자유롭게 공유하며 협업하는 것이 자연스러운 일이었습니다. 하지만 1970~80년대에 들어서면서 소프트웨어가 상품으로 팔리기 시작하고, 마이크로소프트와 같은 기업들이 등장하면서 소스 코드를 감추고 판매하는 문화가 자리 잡았습니다. 이러한 흐름에 반기를 든 인물이 바로 리처드 스톨만Richard Matthew Stallman입니다. 그는 1983년 'GNU 프로젝트'를 시작하며 '자유 소프트웨어 운동'을 펼쳤고, 이는 오픈 소스 정신의 철학적 기반이 되었습니다.

1991년에는 리누스 토르발스Linus Benedict Torvalds가 리

눅스 커널<sup>Linux kernel</sup>을 세상에 공개하며, 누구나 참여할 수 있는 대규모 공개 협업의 상징적인 모델이 등장했습니다. 이후 1998년, 넷스케이프<sup>Netscape Communications</sup>가 웹 브라우저 소스 코드를 공개하면서 '오픈 소스<sup>Open Source</sup>'라는 용어가 본격적으로 사용되었고, 오픈 소스 이니셔티브<sup>OSI</sup>가 설립되어 오늘날의 오픈 소스 운동이 뿌리를 내렸습니다. 2000년대 이후에는 GitHub 같은 협업 플랫폼의 등장으로 전 세계 개발자들이 소스 코드를 쉽게 공유하고 협력할 수 있는 기반이 마련되었습니다.

편 오픈 소스가 AI 개발의 속도를 높였다고 봐도 될까요?

김 그렇죠. 구글은 2015년 머신러닝 프레임워크인 TensorFlow를 페이스북은 2016년 PyTorch를 오픈 소스로 공개하면서 인공지능 기술의 개방을 촉진했어요. 이후 자연어 처리 모델 Word2Vec, BERT, GPT 시리즈, DALL·E, Stable Diffusion 등 주요 AI 모델들이 논문과 함께 코드나 모델을 공개했고, 이를 바탕으로 전 세계 개발자와 연구자들이 빠르게 기술을 발전시킬 수 있었습니다. 특히 메타<sup>Meta</sup>의

LLaMA와 같은 고성능 오픈 모델은 대기업뿐 아니라 스타트업, 개인 개발자, 대학 연구실까지 누구나 AI를 연구하고 활용할 수 있도록 돕고 있습니다.

오픈 소스는 AI 개발의 민주화를 이끌었다는 평가를 받아요. 누구나 소스 코드를 보고, 수정하고, 자신의 아이디어를 실험할 수 있게 되면서 개발 속도는 획기적으로 빨라졌고, 기술 생태계는 더욱 활발해졌습니다. 또한 AI 시스템의 작동 원리와 편향 문제 등을 외부에서도 감시하고 검토할 수 있게 되어, 투명성과 윤리 문제 해결에도 긍정적으로 기여하고 있습니다. 이처럼 오픈 소스는 오늘날 AI 기술이 폭발적으로 발전하고, 다양한 분야에 확산될 수 있었던 결정적인 기반이 되었죠.

편 소스 코드를 공개한다는 것은 이익을 창출하려는 기업에는 좀 불리한 것 아닌가요?

김 모든 기업이 오픈 소스를 하는 것은 아니에요. AI 기술을 공개하지 않는 기업도 있어요. 반면에 메타나 구글과 같은 회사는 모델도 공개해서 누구나 쓸 수 있게 해요. 그게 당장의 이익으로 돌아오는 것은 아니지만 AI라는 도구를 확산하는 효과가 있어요. 사실 기술을 공개하지 않는 기업도 오폰 소스가 있었기 때문에 발전할 수 있었던 건데요. AI를 개발할 때 가장 중요한 것이 AI가 학습할 수 있는 데이터예요. 데이터가 없으면 개발이 어려워요. 그런데 이런 대규모 데이터셋을 제공하는 기관이나 프로젝트가 있어요. 비영리 재단인 Common Crawl Foundation은 인터넷을 주기적으로 크롤링(웹페이지 긁어오기)해서 만든 방대한 웹 텍스트 데이터 아카이브인 Common Crawl을 운영해요. 웹에서 수집한 텍스트를 AI 학습에 사용할 수 있고, GPT류 모델들도 Common Crawl 데이터를 학습에 일부 사용해요. 이렇게 데이터와 기술들을 공개함으로써 서로 발전하기 때문에 이득이 더 크다고 할 수 있지요.

# 어떤 기술이 쓰이나요

편 저는 지금도 학습하는 AI를 신기하게 생각하는 사람 중 하나인데요. AI 개발에 어떤 기술이 쓰이는지 궁금합니다.

김 다양한 기술이 사용되지만, 그 중심에는 사람처럼 배우고, 기억하고, 상상할 수 있게 해주는 기술들이 있어요. 이 기술들은 모두 컴퓨터가 인간의 뇌를 흉내 내는 방향으로 발전해 왔습니다.

가장 핵심이 되는 기술은 딥러닝입니다. 딥러닝은 컴퓨터가 많은 데이터를 보고 스스로 패턴을 학습하게 해주는 기술이에요. 마치 사람이 수천 권의 책을 읽고 문장의 흐름이나 말의 의미를 익히듯, AI도 수많은 글과 그림을 보면서 어떤 게 자연스럽고 어떤 게 어색한지를 배웁니다. 이 딥러닝의 뇌 역할을 하는 것이 바로 인공신경망Artificial Neural Network인데, 이는 우리 뇌의 뉴런 구조를 본뜬 것입니다.

이 인공신경망 중에서도 생성형 AI에 특히 많이 쓰이는 구조가 트랜스포머Transformer입니다. 이 기술은 문장 전체를 한꺼번에 보고 문맥을 이해할 수 있게 도와주는 방식으로, 번역, 요약, 창작 등에서 아주 뛰어난 성능을 발휘합니다. GPT나 BERT 같은 유명한 AI 모델들도 모두 이 트랜스포머 구조를 바탕으로 만들어졌습니다.

또 하나 중요한 기술은 자연어 처리NLP, Natural Language Processing입니다. 이것은 AI가 사람의 말을 이해하고 자연스럽게 표현할 수 있도록 해주는 기술이에요. 예를 들어 우리가 '오늘 날씨 어때?'라고 물으면, AI가 그 문장의 의미를 파악하고 적절한 대답을 생성하는 데 사용됩니다.

이미지를 다루는 생성형 AI에는 컴퓨터 비전Computer Vision 기술도 필요합니다. 이 기술은 컴퓨터가 사진이나 그림을 보고 그 안에 무엇이 있는지를 이해하는 능력을 키워줍니다. 이와 함께, 이미지나 영상 등을 생성할 때 자주 쓰이는 기술로는 GANGenerative Adversarial Network과 VAEVariational Autoencoder 같은 방식도 있습니다. GAN은 예술가와 비평가가 경쟁하며 작품을 발전시키듯, 두 개의 AI가 서로 겨루며 점점 더 정교한 결과물을 만들어냅니다.

마지막으로, 이러한 AI가 잘 작동하려면 좋은 데이터와 많은 연산 능력(컴퓨팅 파워)도 필요합니다. 그래서 요즘은 클라우드 컴퓨팅과 고성능 그래픽카드GPU 같은 기술들도 생성형 AI 개발에 함께 활용되고 있습니다.

정리하자면, 생성형 AI는 딥러닝, 인공신경망, 트랜스포머, 자연어 처리, 컴퓨터 비전 같은 기술들이 서로 어우러져서

작동하며, 마치 똑똑한 학생처럼 세상을 보고 배워서 창의적
인 결과를 만들어내는 기술이라고 할 수 있습니다.

# AI는 어떤 원리로
# 답을 생성하나요

편 생성형 AI는 그림을 그리고, 시를 쓰고, 음악을 만들고, 영상도 제작하는 등 단순히 따라 하는 것이 아니라 배운 것을 바탕으로 새로운 것을 만들어낸다는 점에서 매우 놀라운데요. 그렇다면 AI는 어떤 원리로 이런 창작을 할 수 있는 건가요?

김 AI가 딥러닝을 통해 데이터를 학습한다고 했잖아요. 이렇게 학습한 AI는 이제 추론, 즉 결과를 생성하는 단계로 넘어갑니다. 예를 들어, '나는 오늘 기분이……'라는 문장이 주어졌을 때, AI는 그 다음에 어떤 단어가 올지 예측하는데요. 이 과정은 확률 게임처럼 작동해요. 과거에 학습한 수많은 문장 속 패턴을 참고해 '좋다', '나쁘다', '평범하다' 등의 단어 중에서 가장 그럴듯한 것을 선택하고, 이어서 또 다음 단어를 예측하면서 문장을 완성합니다. 이처럼 AI가 단어와 단어를, 문장과 문장을 하나씩 이어 붙이듯 결과를 만들어내는 과정을 거치게 됩니다.

이러한 생성 과정은 인코더<sup>Encoder</sup>-디코더<sup>Decoder</sup> 구조를 기빈으로 이루어집니다. 인코너는 입력된 문장의 의미를 파악하고, 디코더는 그 의미를 바탕으로 새로운 출력을 생성합니다. 이 구조는 특히 트랜스포머라는 모델에 잘 적용되며, GPT나 BERT, T5 등 유명한 생성형 AI 모델들도 이 방식을 따릅니다.

편 정리하면 AI는 학습한 것을 바탕으로 다음에 나올 것을 추론해 새로운 것을 생성한다는 거네요.

김 그렇죠. 예를 들어 사용자가 '고양이에 대한 시를 써줘'라고 요청하면, AI는 그 문장을 인코딩하여 의미를 파악하고, 디코더를 통해 한 줄 한 줄 시를 만들어냅니다. 이때 만들어진 시는 단순히 암기한 문장을 내보내는 것이 아니라, 배운 내용을 바탕으로 확률적으로 가장 적절하고 창의적인 단어들을 선택해 만들어낸 결과입니다.

이러한 점에서 생성형 AI는 기존의 AI와 다릅니다. 기존의 AI는 주로 사진 속 고양이를 찾거나, 정답을 맞히는 등 예측과 분류에 집중했다면, 생성형 AI는 '창조'에 초점을 둡니다. 수많은 데이터를 학습하고, 그 안의 패턴을 분석하며, 새로운 문장과 이미지를 만들어내는 것입니다.

# AI의 추론 과정을
# 우리가 알 수 있나요

편 AI가 학습하는 과정은 알 수 없기 때문에 추론한 결과를 신뢰할 수 없다는 의견이 있어요. 이것에 대해서는 어떻게 생각하세요?

김 딥러닝 기반의 AI를 종종 '블랙박스Black Box'라고 불러요. AI가 어떤 결정을 어떻게 내렸는지 내부 과정이 너무 복잡해 사람이 이해하거나 설명하기 어렵기 때문에 그렇게 부른 건데요. '모른다'가 아니라 '설명이 가능하지 않다'는 것이었는데, 그게 '알 수 없다'로 잘못 알려졌던 거예요. 이것은 인간이 인식할 수 있는 차원의 한계와 관련 있어요. 우리는 2차원과 3차원까지는 도형으로 그릴 수 있고 설명할 수 있어요. 그런데 5차원, 7차원, 10차원이 된다고 하면 어떻게 그릴지 감이 오지 않잖아요. 이 정도가 되면 보통의 인간이 이해할 수 있는 범위를 넘어서게 돼요. 인공지능 프로세스도 그런 고차원이라고 보면 될 것 같아요. 그래서 사람들에게 설명하기가 어려웠던 거지 결론을 도출하는 과정을 몰랐던 것은 아니에요.

편 그럼 이제 AI 추론 과정을 설명할 수 있게 된 건가요?

김 '설명 가능한 인공지능Explainable AI, XAI'이라는 개념이 등장했어요. 사용자는 AI가 추론하거나 예측한 결과가 어떤 근거로 도출되었는지 이해할 수 있어야 AI를 믿고 쓸 수 있어요. 예를 들어, 의료 AI가 어떤 환자가 암일 가능성이 높다고 진단했을 때, 어떤 이유로 그렇게 판단했는지 설명할 수 있어야 의사도, 환자도 그 판단이 옳다고 수긍할 수 있어요. 또 판단의 책임 소재를 규명하기 위해서도 필요해요. 금융, 법률, 의료 등 중요한 분야에서는 판단의 책임을 명확히 하기 위한 근거로 쓰일 수 있어요. 그리고 AI가 잘못된 데이터로 인해 편향된 판단을 하고 있지는 않은지 점검하기 위해서도 필요하지요.

편 어떻게 설명이 가능한가요?

김 설명 가능한 인공지능은 다양한 방식으로 계속 발전 중이지만, 일반적으로 '특징 중요도 분석', 'LIME과 SHAP' 같은 설명 기법, 그리고 '직관적인 모델 설계' 등의 방식들이 활용되어 왔습니다.

특징 중요도 분석은 인공지능 모델이 어떤 예측을 내릴 때 입력된 여러 정보들 중 어떤 요소가 결과에 얼마나 영향을 미쳤는지를 수치화한 것입니다. 예를 들어 대출 승인 여부를 판단하는 AI가 있다면 이 모델은 고객의 나이, 소득, 신용 점수, 부채 비율 등을 참고해 결정을 내려요. 이때 특징 중요도 분석을 통해 신용 점수가 45%, 소득이 30% 정도의 영향을 미쳤다고 하면, 이 AI는 신용 점수를 가장 중요하게 고려했다는 것을 알 수 있어요. 이러한 분석 결과는 보통 막대그래프나 열지도heatmap로 시각화되어 분석가나 사용자에게 직관적인 정보를 제공하죠.

LIME Local Interpretable Model-agnostic Explanations과 SHAP SHapley Additive exPlanations는 복잡한 AI 모델의 판단 과정을 개별 예측 단위로 설명하는 기법입니다. LIME은 어떤 입력값에 대한 예측 결과를 단순한 선형 모델로 만들어 최대한 가깝게 설명하는 방식인데요. 예를 들어, 이메일을 스팸으로 분류한 이유가 '무료', '100% 보장' 같은 단어 때문이었다고 설명하는 거죠. 반면, SHAP는 게임 이론을 기반으로 각 특징이 예측 값에 얼마만큼 기여했는지를 정량적으로 보여줍니다. 예컨대 어떤 환자가 심장질환 위험이 높게 나왔다면, '흡연 여부 +0.40', '나이 +0.25', '체질량지수 −0.10'처럼 각 특징이 결과에 어떻게 작용했는지 구체적으로 알 수 있습니다. 이들 기법은 특정 AI 모델에 한정되지 않고 널리 활용될 수 있으며, 특히 개별 예측에 대한 설명이 필요할 때 효과적입니다.

마지막으로, AI 모델의 구조 자체를 사람이 이해하기 쉽게 설계하는 방법도 있습니다. 대표적으로 의사결정나무Decision Tree는 조건과 분기로 구성되어 있어 '이 조건을 만족하면 이런 결과'라는 식으로 판단 과정을 쉽게 따라갈 수 있습니다. 예를 들어 '수입이 5천만 원 이상이면 대출 승인', '그 외에는 나이에 따라 승인 여부 결정'과 같이 논리적 분기 구조로 설명이 가능해요. 이러한 모델은 의료나 법률처럼 결과의 근거가 명확히 설명되어야 하는 분야에서 많이 사용됩니다. 다만 복잡한 문제에서는 단순 모델이 정확도가 낮을 수 있어, 설명 가능한 모델과 복잡한 예측 모델을 혼합해 사용하는 전략도 필요합니다.

이처럼 XAI는 인공지능의 판단을 사람이 이해할 수 있도록 만드는 다양한 방법들을 통해, AI의 투명성과 신뢰성을 높이고 실제 활용 가능성을 넓혀가는 중요한 기술 분야로 주목받고 있습니다.

# 인공지능도 인과관계로 설명할 수 있나요



편 지구상에 인과관계로 설명할 수 있는 존재는 사람뿐이라고 하는데, 인공지능도 인과관계로 설명할 수 있을까요?

김 현재 널리 쓰이는 딥러닝 기반 AI는 인과적 추론causal reasoning을 제대로 하지 못해요. AI는 주로 상관관계correlation에 의존해요. 인과관계는 한 변수가 다른 변수의 원인이 되는 것으로, 담배를 피우면 폐암에 걸릴 확률이 증가한다는 예처럼 원인에 따라 결과를 예측할 수 있어요. 상관관계는 두 변수가 함께 변하는 경향이 있는 것을 말해요. 예를 들어 아이스크림의 판매량 증가와 익사 사고가 증가한 데이터를 주고 계절이 언제냐고 물어보면 여름이라고 추론하는 거예요. 대부분의 머신러닝 모델은 방대한 데이터를 분석해 패턴과 상관관계를 찾아내는 데 탁월합니다. 그래서 이런 조건의 환자들은 암 진단을 받을 확률이 높다는 것을 알아낼 수는 있지만, 왜 그 조건이 암의 원인인가, 혹은 그 조건을 바꾸면 암 발병이 줄어드는가와 같은 인과관계는 알 수 없습니다.

편 인간과 AI가 추론한 결과가 같아도 결과를 도출하는 과정이 다르군요. 차이가 나는 근본적인 원인은 무엇인가요?

김 데이터 분석할 때 중요한 학문인 통계학으로도 그 차이를 설명할 수 있는데요. 통계학에서는 어떤 현상이나 데이터를 분석할 때 무작정 수치를 비교하는 것이 아니라 먼저 논리적 주장이나 질문을 가설의 형태로 세운 뒤, 이를 데이터로 검증함으로써 객관적인 결론을 도출합니다. 가설을 세우고 그에 맞게 검증하는 과정은 연구의 객관성과 신뢰성을 확보하는 핵심적인 역할을 해요. 만약 수집한 데이터가 가설에 맞지 않으면 가설을 기각하고 다른 가설을 세우고 검증하며 가설이 맞다는 것을 증명하는 거예요. 그런데 인공지능은 앞에서 예를 든 것처럼 가설을 먼저 세우지 않고 데이터의 상관관계에 따라 결론을 도출합니다. 이 점이 다르죠.

편 예전에는 AI에게 고양이와 강아지 사진을 제시하고 어떤 동물이냐고 맞춰보라고 하면 틀린 답을 내놓는 경우가 많았어요. 그런데 지금은 대부분 정확하게 알아맞히고, 판단하는 근거가 뭐냐고 하면 코의 모양과 귀의 모양, 털의 색과 모양 등을 근거로 판단했다고 설명도 하던데요. 이것이 설명 가능한 AI의 시작일까요?

**김** 그렇게 볼 수도 있죠. 현재 설명 가능성을 높이기 위한 연구가 진행 중이고, 인과추론 기반의 머신러닝 분야가 발전하고 있어요. 특히 의학, 사회과학, 정책 분석 등 인과관계가 중요한 분야에서도 매우 주목받고 있습니다.

# 생성형 AI는 어떻게 활용되고 있나요

편 생성형 AI를 활용하는 분야도 많을 것 같아요.

김 요즘은 텍스트를 생성하는 AI뿐만 아니라, 그림, 음악, 영상까지 만드는 다양한 생성형 AI가 등장하면서 이 분야가 굉장히 빠르게 발전하고 있어요. 기존 AI가 '판단해 주는 조력자'였다면, 생성형 AI는 '창작까지 해주는 파트너'로 확장되고 있는 셈이죠. 생성형 AI는 스스로 새로운 것을 만드는 인공지능이라 사람처럼 글을 쓰고, 그림을 그리고, 음악을 만들고, 영상을 제작하는 등 직업 콘텐츠를 창조하는 거예요. 예를 들어, '봄날의 풍경을 시로 써줘'라고 하면, AI는 새로운 시를 만들어내요. 또 '고양이가 책 읽는 모습을 그려줘'라고 말하면, AI는 그 문장을 이해하고 그에 맞는 그림을 만들어줘요. 이렇게 생성형 AI는 우리가 원하는 것을 입력하면 글쓰기, 그림 그리기, 음악 작곡, 영상 제작 등의 결과물을 매우 짧은 시간 안에 만들어낼 수 있어요. 불과 얼마 전까지 사람들은 AI를 통해 정답을 찾고 텍스트를 요약하고 분석하는 용도로 사용했다면 인터뷰를 하는 현재 시점에서 AI는 사람들의 아이디어를 다양한 형태의 매체로 창의적이고 독창적인 결과물을 산출해주는 도구가 되었다고 생각하면 될 것 같아요.

편 생성형 AI가 사람들에게 인식된 계기는 인간과 대화할 수 있는 AI 챗봇인 ChatGPT의 등장인 것 같아요. ChatGPT가 처음 나온 게 불과 몇 년 전인데 AI의 발전 속도가 굉장히 빨라요.

김 미국의 인공지능 연구소인 OpenAI가 개발한 대화형 AI 챗봇 ChatGPT는 2022년 11월 30일에 처음 공개되었어요. 사용자와 자연스러운 대화를 주고받을 수 있는 AI는 큰 주목을 받으며 성공했고, 이러한 성공은 생성형 AI 기술의 대중화를 촉진하는 계기가 되었습니다. 이후 다양한 기업들이 경쟁 제품을 출시하고 있고, 지금은 생성형 AI가 산업의 지형을 바꾸고 있는 중이에요.

편 생성형 AI가 대중화된 지 불과 2, 3년 만에 이런 변화가 일어나고 있어서 좀 놀랍습니다. 그 사이에 다양한 생성형 AI 서비스가 나왔고, 실제로 사용자가 꽤 많다고 하는데, 어떤가요?

김 대중화된 생성형 AI로는 글을 써주는 ChatGPT나 Gemini, 그림을 그려주는 Midjourney, 음악을 만드는 Soundraw, 영상을 생성하는 Runway, 유튜브 등의 영상에 자동으로 자막을 달아주는 서비스 등이 있어요. 실제로 이런

AI는 수많은 글과 그림, 음악 등을 학습해 다양한 패턴을 익히고, 그걸 바탕으로 새로운 결과물을 만들어내요. 이런 생성형 AI로 가볍게 일상에 필요한 검색을 하는 정도로 사용할 수도 있고, 전문적인 지식이 필요한 글쓰기에 활용할 수도 있어요. 또 생성형 AI는 지금 교육, 예술, 게임, 상담, 마케팅 등 많은 분야에서 활용되고 있어요.

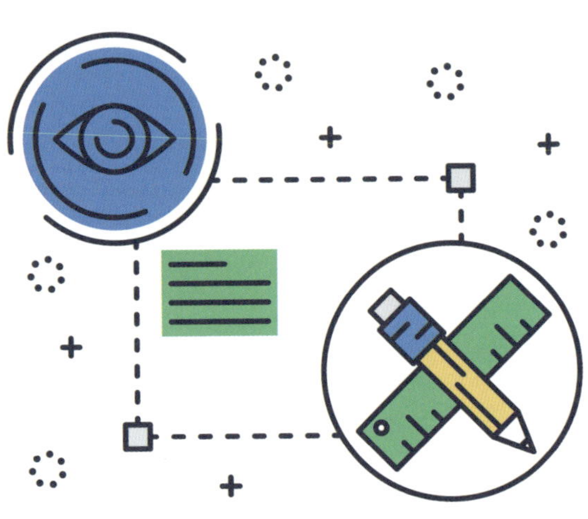

# GENERATIVE
# AI EXPERT

# 생성형 AI와 동행하는 시대

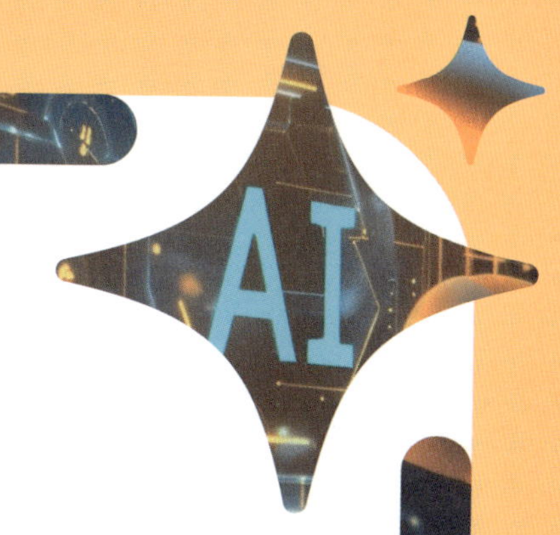

# 우리는 하루에 얼마나
# AI를 사용할까요

편 요즘 우리는 눈을 뜨는 순간부터 잠들 때까지 인공지능과 함께 하루를 보낸다고 해도 과언이 아닐 것 같아요. 실제로 우리가 일상에서 AI를 어떻게 활용하고 있을까요?

김 사람마다 조금씩은 다르겠지만 스마트폰을 가지고 있는 사람이라면 누구나 하루에 몇 번은 AI를 사용하고 있는 거예요. 먼저 아침에 잠에서 깨어 스마트 스피커의 음성비서를 통해 음성으로 "지금 몇 시야?", "오늘 날씨 어때?" 같은 질문을 하면 AI 모델이 작동해요. 음성을 인식하고 자연스럽게 대답하는 기능은 음성 인식 기술과 GPT 같은 언어 생성 모델이 함께 작동한 결과입니다. 또, 수면 앱을 켜면 지난밤 수면 상태를 분석해 피로가 풀렸는지, 아니면 조금 피로한 상태인지 알려주고 오늘 하루는 어떻게 보내면 좋겠다고 조언도 합니다.

출근 준비 시간에는 AI가 날씨와 일정을 분석해 옷을 추천하거나, 포털 앱에서 관심사에 맞춘 뉴스를 골라 보여줍니다. 뉴스 앱이나 소셜 미디어에서 보여주는 콘텐츠는 사용자의 클릭과 검색 데이터를 분석한 추천 알고리즘 덕분에 정교

하게 개인화되어 있죠. 지하철이나 버스를 타는 동안에는 교통 상황을 예측해 최적 경로를 안내하는 내비게이션 앱이 강화학습 기반의 AI를 활용하고 있고, 일부 노선에서는 AI가 혼잡도를 예측해 탑승을 도와줍니다.

편 스마트폰으로 맛집을 찾고, 시간을 보낼 영상을 찾을 때도 모두 AI가 작동하겠죠?

김 그럼요. 우리는 이미 AI에 많이 기대어 살고 있어요. 음식 추천 앱은 날씨, 위치, 이전 식습관 등을 고려해 메뉴를 추천하고, 식단 기록 앱은 사진 속 음식의 종류와 양을 자동으로 인식해 기록을 도와줍니다. 넷플릭스나 유튜브에서 추천해주는 콘텐츠는 모두 사용자의 시청 기록과 선호도를 학습한 AI의 판단에 따라 보여지는 것이며, 헬스 앱은 스마트워치에서 수집한 운동 데이터를 분석해 건강 상태를 피드백해줍니다. 저녁 시간이 되면 AI 챗봇과 감정 대화를 나누며 스트레스를 풀기도 하고, 명상 앱을 통해 마음을 가라앉히는 것도 가능합니다. 하루를 마무리하고 잠자리에 들면, AI는 사용자의 수면 데이터를 분석해 수면의 질을 평가하고, 이를 바탕으로 다음 날 더 나은 서비스를 제공할 준비를 합니다.

이처럼 생성형 AI는 우리가 인식하지 못할 정도로 자연스럽게 일상 곳곳에 녹아들어 있습니다. 단순히 정보를 주는 데 그치지 않고, 개인화된 경험을 제공하고, 효율적인 선택을 도우며, 때로는 감정까지 돌보는 존재가 된 것입니다. AI는 이제 기술을 넘어, 일상의 조용한 동반자이자 조력자가 되었습니다.

편 여행을 계획할 때 여행지를 비롯해 항공권, 숙박, 식당 등을 검색하는 데 시간을 많이 보냈어요. 이런 일을 쉽게 할 수 있는 AI도 있을까요?

김 여행 준비를 도와주는 앱이 꽤 있어요. 항공권 예약, 여행 코스, 맛집, 교통 등을 각각 따로 알아볼 수도 있지만, 최근엔 ChatGPT, Gemini나 GuideGeek처럼 여행 코스, 맛집, 교통까지 한 번에 도와주는 종합 여행 비서도 나왔어요. 이제는 검색하고 비교하는 걸 넘어서, AI가 알아서 추천하고 실행까지 도와주는 시대예요.

# 검색 사이트에서 사용자에 따라
# 결과는 왜 다른가요

편 네이버나 구글, 유튜브 같은 검색 사이트를 사용할 때, 똑같은 검색어를 입력해도 사람마다 검색 결과나 화면 구성, 추천 항목이 조금씩 다르게 보일 때가 있어요. 왜 그런 건가요?

김 이것은 검색 사이트가 단순히 키워드에 맞는 정보를 일괄적으로 보여주는 것이 아니라, '이 사용자에게 가장 알맞은 정보가 무엇일까'를 판단해 결과를 정렬하고 배치하는 AI 알고리즘을 사용하기 때문입니다. 이런 알고리즘은 기본적으로 사용자 맞춤형 정렬Personalized Ranking 방식을 사용합니다. 예를 들어, 두 사람이 똑같이 '아이폰'을 검색해도 한 사람은 쇼핑 정보를, 다른 사람은 뉴스 기사를 더 먼저 보게 되는 경우가 있습니다. 이 차이는 사용자가 과거에 어떤 링크를 더 자주 클릭했는지, 어떤 페이지에서 오래 머물렀는지, 어떤 관심사를 자주 검색했는지를 AI가 학습한 결과입니다.

이 과정에 쓰이는 핵심 기술 중 하나가 랭킹 학습Learning to Rank이라는 방식이에요. 이 기술은 사용자 행동 데이터를 기반으로 '이 사용자는 어떤 결과를 더 좋아할까?'를 예측하고,

결과를 그 확률 순으로 정렬합니다. 클릭 확률이 높은 문서를 상단에, 관심이 낮은 것은 하단에 배치하는 식이죠.

편 사용자의 행동 패턴을 학습한 후 사용자의 다음 행동을 예측해 맞춤형 화면을 구성하는 거네요?

김 네, 맞아요. AI는 사용자 개개인의 특성, 행동, 유사 사용자들의 반응 등을 종합적으로 고려해 맞춤형 화면을 구성합니다. 이를 위해 협업 필터링Collaborative Filtering, 콘텐츠 기반 필

터링Content-Based Filtering, 그리고 최근에는 딥러닝 기반 추천 모델(예: 딥랭크, 트랜스포머 기반 모델)도 함께 사용돼요.

실시간으로 사용자의 클릭 패턴이 바뀌면 알고리즘도 그에 맞게 반응하여, 시간이 지날수록 더 정교한 맞춤 결과를 제공하게 됩니다. 예를 들어 최근에 여행 관련 검색을 많이 했다면 검색 결과에 여행 정보가 더 자주 노출되고, 메인 화면의 배너에도 관련 광고나 콘텐츠가 배치되는 식입니다.

이처럼 검색 사이트의 화면 배치는 단순한 규칙 기반이 아니라, 수많은 사용자 데이터를 학습하고 예측하는 AI 알고리즘의 작동 결과입니다. 덕분에 우리는 훨씬 더 빠르고 효율적으로 자신에게 필요한 정보를 찾을 수 있게 된 것이죠.

# AI를 잘 활용하는
# 기업의 예를 들어주세요

편 요즘 AI를 잘 활용하는 기업들이 많다고 들었는데, 성공적인 예를 하나 들어주세요.

김 대표적인 쇼핑 사이트인 쿠팡을 예로 들어 볼게요. 쿠팡은 인공지능을 가장 활발하게 활용하는 국내 이커머스 기업 중 하나로, 고객 경험부터 물류 시스템까지 다양한 영역에 AI 기술을 적용하고 있습니다. 우리가 쿠팡을 사용할 때 경험하는 빠른 배송, 정확한 추천, 편리한 검색 등은 모두 보이지 않는 AI 덕분입니다.

먼저, 쿠팡의 대표적인 강점 중 하나인 상품 추천은 AI의 핵심 활용 분야입니다. 고객의 검색 기록, 클릭 이력, 장바구니, 구매 패턴 등을 바탕으로 각 사용자에게 맞춤형 상품을 추천해 주는데, 이를 위해 딥러닝 기반 추천 알고리즘이 사용됩니다. 앱에서 자주 보이는 '다른 고객이 함께 본 상품'이나 '당신을 위한 추천 상품' 같은 문구 뒤에는 수많은 데이터 분석이 숨어 있습니다.

또한, 검색창에서 단어를 입력하면 자동완성 기능이 작동하고, 내가 원하는 상품이 가장 먼저 노출되는 것도 AI 덕분

입니다. 쿠팡은 자연어 처리 기술을 통해 고객이 어떤 의미로 검색했는지를 파악하고, 관련성 높은 상품을 선별해 보여줍니다. 단순히 단어를 맞추는 것이 아니라, 문장의 의미와 의도를 이해하는 기술이 적용되는 것입니다.

편 주문한 물건을 찾아 포장하고 배송하는 데도 AI가 작동하나요?

김 네, 쿠팡의 핵심 경쟁력 중 하나인 로켓배송 역시 AI 없이는 불가능합니다. 쿠팡은 수요 예측과 물류 경로 최적화 알고리즘을 활용해, 어떤 상품을 어느 물류센터에 얼마나 보관할지 미리 결정해요. 이 덕분에 고객이 상품을 주문하자마자 가까운 물류센터에서 빠르게 배송이 가능해지죠. AI는 배송 경로와 물류 동선을 자동으로 계산해 최단시간 배송을 실현하는 데 큰 역할을 합니다.

고객 상담에도 AI가 사용됩니다. 사용자가 '배송이 언제 오나요?' 같은 자주 묻는 질문을 하면, 챗봇이 자동으로 응답하고 필요한 정보를 안내합니다. 이는 자연어 처리와 생성형 AI 기술이 적용된 사례로, 과거에는 사람이 일일이 답하던 일을 이제는 AI가 대신하고 있습니다.

또한, 리뷰를 조작하거나 악성 이용자가 반복적으로 환불을 시도하는 경우도 AI가 감지합니다. 비정상적인 행동 패턴을 실시간으로 분석하고 이상 징후를 포착해 자동으로 차단 조치를 취하는데, 이때는 '이상 탐지' 모델이 활용됩니다. 상품 이미지 역시 사람이 일일이 분류하지 않아도 됩니다. 컴퓨터 비전 기술을 통해 상품의 색상, 형태, 스타일 등을 인식하고 자동으로 카테고리를 시성해 수거든요.

이처럼 이커머스 분야에서 상품 추천, 검색 최적화, 물류

관리, 고객 상담, 악성 사용자 탐지, 이미지 분류 등 거의 모든 운영 과정에 AI를 도입하고 있으며, 그 중심에는 딥러닝과 자연어 처리, 컴퓨터 비전과 같은 최신 기술들이 있습니다. 사용자에게 빠르고 똑똑한 서비스를 제공할 수 있는 비결은 결국 AI가 실시간으로 배우고 판단하며 시스템 전체를 유기적으로 작동시키고 있기 때문입니다. AI는 우리 삶의 '보이지 않는 두뇌'이자 '숨은 일꾼'이라 할 수 있습니다.

# 건강관리도 AI로 할 수 있나요

편　AI를 통해 건강을 관리하는 사람들이 늘고 있어요. 어떻게 도움을 주고 있나요?

김　요즘 사람들은 건강을 병이 생긴 뒤에 돌보는 것이 아니라, 미리 예방하고 꾸준히 관리하는 데에 더 많은 관심을 가집니다. 이런 흐름 속에서 인공지능은 건강관리의 든든한 파트너가 되어주고 있어요. 가장 일상적인 예로는 스마트워치나 피트니스 밴드가 있습니다. 이 기기들은 심박수, 걸음 수, 수면 시간, 칼로리 소모량 등을 측정하고, AI는 수집된 데이터를 분석해 사용자의 활동 수준과 건강 패턴을 파악합니다. 예를 들어, 특정 시간대에 심박수가 평소보다 높거나, 수면의 질이 낮게 나오면 '휴식이 필요해요', '조금 더 일찍 잠드는 것이 좋겠어요'와 같은 맞춤형 피드백을 제공합니다. AI는 단순한 숫자 나열이 아닌, 데이터에 기반한 생활 습관 코칭을 해주는 것이죠.

편　이런 앱을 사용하면 건강한 습관을 들이고, 건강에 해로운 일을 하지 않도록 조심하는 데 도움이 될 것 같아요.

김　식습관 관리에도 활용됩니다. 음식 사진을 찍으면 어떤 음식인지 자동으로 인식하고, 칼로리와 영양소를 분석해주며, 사용자의 식이 이력에 따라 '탄수화물이 많네요' 혹은 '오늘 단백질 섭취가 부족해요' 같은 조언을 하기도 합니다. 이는 이미지 인식과 영양 데이터 분석 모델이 함께 작동한 결과입니다.

편 심리 상담도 AI가 할 수 있나요?

김 정신 건강 분야에서도 이미 AI가 큰 역할을 하고 있어요. 최근에는 AI 챗봇이 사용자의 감정 상태를 분석해 대화를 나누고, 우울감이나 불안의 징후를 초기에 파악해주는 앱들이 등장했어요. 이러한 챗봇은 사용자의 문장 표현, 언어 선택, 사용 빈도 등을 분석해 "지금 감정이 조금 가라앉아 있어요. 산책이나 대화를 추천해요" 같은 따뜻한 피드백을 줍니다.

편 바른 자세를 유지해야 효과가 있는 운동을 할 때는 사람의 도움을 받아야 한다고 알고 있어요. 그런데 요즘엔 AI 트레이너가 등장했다고 하던데, 이게 가능한가요?

김 물리적인 운동을 하는 헬스나 필라테스 분야에서도 AI는 매우 실용적인 역할을 하고 있어요. 특히 자세를 분석하고 교정해주는 인공지능 시스템은 전문가의 지도가 없을 때도 혼자 올바르게 운동할 수 있도록 돕는 스마트 트레이너가 되어줍니다.

헬스나 필라테스 같은 운동에서 가장 중요한 것은 정확한 자세입니다. 아무리 열심히 해도 자세가 틀어지면 운동 효과가 떨어지고, 심하면 관절이나 허리에 무리가 가서 부상을 입을 수도 있어요. 그런데 혼자서 운동을 하거나 집에서 홈트레이닝을 할 경우, 자신의 자세가 올바른지 확인하기가 쉽지 않죠. 이럴 때 인공지능은 운동 자세를 실시간으로 분석하고 피드백을 주는 스마트 코치 역할을 하며 큰 도움이 됩니다.

인공지능 자세 분석 시스템은 보통 카메라나 스마트폰의 영상을 이용해 사용자의 움직임을 추적해요. AI는 딥러닝 기반의 포즈 추정 기술Pose Estimation을 활용해 사람의 신체 관절 위치를 인식하고, 팔, 다리, 척추 등의 각도를 실시간으로 계산해요. 그다음, 이 데이터를 운동 전문가들이 정해놓은 '이상적인 자세 기준'과 비교해서 사용자의 자세가 얼마나 정렬돼 있는지, 어디에서 틀어졌는지를 판단하죠. 예를 들어 스쿼트를 할 때 무릎이 너무 앞으로 나간다든지, 필라테스 롤업 동작에서 등이 곧게 펴지지 않았다는 식의 자세 교정 피드백을 화면이나 음성으로 전달합니다.

요즘은 이런 기술이 모바일 앱이나 AI 피트니스 거울, 스마트 요가매트, 카메라 센서 기반 헬스 장비에 탑재되어, 누구나 집에서도 AI 트레이너의 도움을 받을 수 있게 되었어요. 예를 들어 'Freeletics', 'Zenia', 'Yoganotch', 'FittyAI' 같은 앱은 스마트폰 카메라만으로도 사용자 자세를 실시간 분석해 운동 지도를 해주며, 일부 서비스는 AI가 직접 "팔을 더

위로 들어보세요", "허리를 곧게 펴세요"라고 말하며 마치 사람 코치처럼 안내하기도 해요.

AI는 또 단순히 자세만 잡아주는 것이 아니라, 운동의 반복 횟수, 속도, 강도, 피로도까지 분석해 운동 루틴을 개인 맞춤형으로 조정해줍니다. 운동을 꾸준히 기록하면 AI는 사용자의 데이터를 학습해 '이번 주는 코어 운동을 강화해보세요' 같은 제안도 해요. 이처럼 AI는 점점 운동 자세 분석을 넘어, 전반적인 헬스 코칭까지 확장되고 있습니다.

인공지능은 헬스나 필라테스를 보다 안전하고 효과적으로 만들어주는 도구가 되었고, 이제는 꼭 헬스장에 가지 않더라도 스마트폰 하나로 정확한 자세 교정과 운동 지도를 받을 수 있는 시대가 열렸습니다. AI는 더 이상 단순한 기계가 아니라, 운동을 함께하는 스마트한 파트너이자 디지털 퍼스널 트레이너인 셈입니다.

# AI는 농업을 어떻게
바꾸고 있나요

편 AI를 활용한 농업이 성장하고 있다고 들었어요. AI는 어떻게 농업에 관여하나요?

김 스마트팜은 농업에 정보통신기술ICT과 인공지능을 접목해 작물 재배, 관리, 수확 과정을 자동화·지능화한 시스템이에요. 예전에는 농부의 경험과 감에 의존하던 일들이 이제는 AI 덕분에 데이터 기반의 정밀농업으로 바뀌고 있습니다.

스마트팜에서 인공지능은 말 그대로 '스마트한 농부' 역할을 합니다. 작물의 생장을 위한 온도, 습도, 일조량, 이산화탄소 농도, 토양 수분 등의 정보를 센서가 실시간으로 수집하면, AI는 이 데이터를 분석해 작물에게 가장 알맞은 환경을 자동으로 조절해요. 이를테면 온실 내부 온도가 너무 올라가면 자동으로 창문을 열어 통풍을 시키고, 토양이 마르면 자동으로 관수 시스템이 작동하게 하는 식이죠. 이 모든 조치는 AI가 일정 기준값을 학습하고, 상황을 예측한 뒤 결정하는 방식으로 이루어집니다.

편 자동 시스템이 갖춰진 거네요. 그런데 작물을 재배할 때는 살펴봐야 할 조건이 많다고 하는데, 이 모두를 AI가 다 통제하는 건가요?

김  AI는 단순히 센서 수치가 일정 기준을 넘으면 작동하는 보조적인 역할을 넘어섰어요. 예를 들어 기상청 예보 데이터를 분석해 앞으로 며칠간 날씨가 흐릴 것을 예측하면, 사전에 일조량 부족을 보완할 수 있도록 LED 조명을 조절하거나, 물 사용량을 줄이는 방식으로 환경을 최적화합니다. 이렇게 AI는 예측 기반 의사결정Predictive Decision-Making을 통해 농작물의 생산성과 품질을 동시에 끌어올립니다.

편  작물에 문제가 생길 때는 어떻게 하나요?

김  작물의 생육 상태나 병해충 감지에도 AI가 활용됩니다. 컴퓨터 비전 기술을 이용해 카메라로 찍은 작물의 모습을 분석하고, 잎의 색이 바뀌거나 이상한 무늬가 나타나는 경우 병에 걸렸을 가능성을 자동으로 탐지해 경고를 보내요. 이때는 딥러닝 기반의 이미지 인식 모델이 사용되며, 사람보다 빠르고 정확하게 문제를 찾아냅니다. 또한, 수확 시기도 AI가 판단할 수 있는데요. 작물의 크기, 색, 무게, 날씨 조거 등을 종합석으로 분석해 '지금 수확하면 가장 품질이 좋다'는 시점을 추천해줍니다. AI는 이렇게 농장의 생산 효율을 높이는

AI

관리자이자 조언자 역할을 합니다.

이 외에도, AI는 농작물의 종류나 시장 가격 데이터를 분석해 다음에는 어떤 작물을 재배할지 추천하기도 하고, 수확한 농산물의 유통 경로와 소비자 반응을 분석해 마케팅 전략까지 도와주는 데 활용되고 있습니다.

편 AI가 수십 년 농사 경험이 있는 베테랑 농부가 되는 거네요?

김 스마트팜에서 AI는 단순한 자동화 도구를 넘어서, 정밀하게 재배 환경을 조절하고, 미래를 예측하며, 문제를 사전에 감지하고, 농업 경영까지 지원하는 종합 두뇌라고 할 수 있습니다. 덕분에 농업은 더 이상 땀과 경험에만 의존하지 않고, 과학과 데이터에 기반한 고효율 산업으로 변화하고 있습니다.

편 사람의 눈으로 따라잡을 수 없을 만큼 움직임이 빠른 스포츠 분야에서 AI가 크게 활약할 것 같은데, 실제로는 어떤가요?

김 스포츠 세계에서도 AI는 선수의 훈련, 전략 수립, 경기 분석, 팬 서비스 등 다양한 분야에서 활약하고 있습니다. 축구나 야구 같은 인기 스포츠에서는 AI가 감독, 분석가, 심판, 중계자, 트레이너 역할까지 해주며 경기력 향상과 관람의 재미를 동시에 높이고 있어요. 축구나 야구 같은 스포츠에서도 AI 활용은 점점 더 커지고 있는데요. AI는 단순히 데이터를 분석하는 수준을 넘어서, 선수의 훈련을 도와주고, 경기를 분석하며, 전략을 제안하고, 팬들에게 새로운 방식의 즐거움을 제공하는 기술로 자리잡고 있습니다.

편 구체적으로 선수에게는 어떤 도움을 주나요?
김 먼저, 선수의 경기력 분석에 AI가 널리 사용됩니다. 축구에서는 경기 중 선수들의 움직임을 고속 카메라나 GPS 센서를 통해 추적한 뒤, 인공지능이 데이터를 분석해 각 선수의 위치, 패스 경로, 슈팅 정확도, 활동량 등을 평가합니다. 이렇게 분석된 결과는 감독이 전술을 보완하거나, 선수 개인이 훈련 계획을 조정하는 데 활용됩니다. 야구에서도 투수의 투구 궤적, 타자의 스윙 타이밍과 각도, 수비수의 움직임 등을 AI가 정밀하게 분석해 전략을 세울 수 있습니다.

또한, AI는 상대팀의 패턴을 분석해 전략을 제시하는 일도 해요. 예를 들어 상대 팀이 주로 사용하는 전술이나 특정 상황에서 어떤 행동을 반복하는지 데이터를 학습한 AI는 '이런 상황에서는 상대가 왼쪽 측면으로 공을 자주 보낸다'는 식의 전략적 인사이트를 제공합니다. 이는 일종의 전략 참모 역할을 하는 셈입니다.

그리고 선수들의 부상 방지에도 큰 도움을 줍니다. 선수의 근육 사용 패턴, 피로도, 충돌 강도 등을 분석해 과도한 부하를 미리 감지하고 휴식이 필요한 시점을 예측할 수 있어요. 이는 특히 장기 시즌이 있는 프로 리그에서 매우 중요한 기능이죠.

편 이밖에 또 어떤 분야에서 활용되고 있나요?

김 심판 보조 역시 중요한 분야인데요. 축구에서는 VAR(비디오 판독 시스템), 야구에서는 스트라이크존 자동 판독기술 등이

AI 기반의 영상 분석 기술을 활용한 예입니다. 느린 화면과 센서 데이터를 AI가 실시간으로 해석해, 판정의 공정성을 높이고 논란을 줄입니다.

팬들을 위한 중계와 엔터테인먼트 기능에서도 AI가 활약하는데요. AI는 경기 데이터를 바탕으로 자동으로 하이라이트 영상을 편집하거나, 주요 장면을 실시간으로 추천해줍니다. 또한 AI 해설자는 경기 중 실시간 데이터를 분석해 전문가처럼 해설을 제공하기도 하며, 팬과 대화하는 챗봇 형태로도 제공됩니다.

# AI의 창작,
# 어느 수준에 도달했나요

📢 창작 활동에도 AI가 큰 활약을 하고 있다고 하는데요. 창작자들은 AI를 어떻게 사용하고 있을까요?

💬 요즘 혼자서 기획부터 촬영, 편집, 업로드까지 모든 과정을 책임지는 영상 크리에이터들이 있어요. 예전에는 영상을 단순히 편집하는 용도로 AI를 활용했다면, 요즘은 아이디어 발상, 스크립트 작성, 영상 제작, 편집, 썸네일 디자인, 콘텐츠 분석 등 거의 모든 제작 과정을 도와주는 수준까지 발전했습니다. 무엇보다 AI는 아이디어를 구상하는 데 큰 도움을 준다고 해요. 예를 들어 '요즘 유행하는 콘텐츠는 뭐지?', '10대에게 인기 있는 주제는?' 같은 질문을 던지면, AI가 검색 데이터를 분석해 트렌드를 정리해 주고, 영상 주제를 추천해 주는 거예요. 최근에는 GPT 같은 언어 생성 AI를 이용해 영상 스크립트를 자동으로 작성하거나, 자막 대사를 미리 짜는 크리에이터도 많습니다.

촬영 후 영상을 편집할 때 AI 기반 편집 도구는 영상에서 중요한 장면만 자동으로 추출해 주거나, 배경음악을 장면 분위기에 맞게 삽입해 주는 기능도 갖추고 있습니다. 또, 영상

속 사람의 말소리를 자동으로 텍스트로 바꿔 자막을 입히는 기능도 있어요. 심지어 AI는 사람이 직접 말하지 않아도, 가상 인물(버추얼 휴먼)을 만들어 대신 말하게 하거나 표정까지 연기하게 할 수도 있습니다. 또한 영상 크리에이터가 가장 신경 쓰는 부분 중 하나인 썸네일 제작에도 AI가 활용됩니다. 영상 속 핵심 장면을 분석해 가장 눈에 띄는 이미지를 뽑아주고, 추천 문구나 글씨 스타일을 제안하는 AI 도구도 있어요. 썸네일이 클릭률을 크게 좌우하는 만큼, 이 기능은 많은 크리에이터들이 애용하고 있죠.

영상을 업로드한 뒤에 조회수, 좋아요, 댓글 반응, 시청 지속 시간 등 각종 데이터를 분석해 다음 영상의 방향이나 업로드 시간, 제목 키워드 등을 추천도 해요. 단순히 숫자를 보여주는 것이 아니라, '이런 주제는 반응이 좋았어요', '이 장면에서 시청자가 많이 이탈했어요' 같은 구체적인 피드백을 제공해 전략적인 콘텐츠 운영을 도와줍니다.

편 아이디어부터 영상 편집과 썸네일, 업로드 후 시청자의 반응을 분석하는 것까지 AI가 한다니 놀랍네요. 과거에는 여러 명이 했던 작업을 이제는 AI의 도움을 받아 혼자서도 할 수 있겠어요.

김 그뿐이 아니에요. 배경음악<sup>BGM</sup>도 인공지능이 직접 만들
수 있습니다. 예전에는 영상을 만들 때 배경음악이 필요하면
직접 작곡하거나 저작권 문제가 없는 음악을 찾아야 했어요.
그런데 이제는 크리에이터가 '잔잔한 분위기의 피아노 음악'
이나 '긴장감 있는 전투 배경음'처럼 간단한 설명만 입력하면,
AI가 그에 맞는 음악을 직접 만들어주는 거예요.

편 작곡에 필요한 장비도 없이 영상 내용에 맞는 음악을 작
곡한다고요?

김 네, 가능해요. 이러한 AI 작곡 도구는 딥러닝을 활용해
수많은 음악 데이터를 학습한 뒤, 리듬, 멜로디, 화성(코드), 악
기 구성 등을 조합해서 새로운 곡을 생성합니다. 마치 사람
이 작곡하듯 음악의 흐름을 고려해, 도입-전개-클라이맥스-
마무리 같은 구조도 갖추고 있어 듣는 사람도 자연스럽게 느
낄 수 있죠. 대표적인 AI 음악 생성 도구로 Amper Music,
AIVA, Soundraw, Mubert, Ecrett Music 등이 있어요. 심지어
는 문장만 입력해도 음악을 만들어 주는 Google's MusicLM
같은 실험적인 AI도 있어요. 이런 도구들은 대부분 저작권
걱정 없이 자유롭게 쓸 수 있는 음악을 만들어주는데요. 크
리에이터 입장에서는 매번 음악을 찾을 필요 없이 영상 분위

기에 딱 맞는 음악을 빠르게 만들 수 있으니 매우 유용하죠.

뿐만 아니라, AI는 기존 음악을 분석해 편집하거나 리믹스하는 기능도 있습니다. 한 곡을 영상의 길이에 맞게 자동으로 줄이거나 늘리거나, 특정 장면에 맞게 강약을 조절하는 것도 가능해요. 지금은 인공지능이 작곡가, 편곡가, 사운드 디자이너의 역할까지 할 수 있는 시대입니다. 특히 영상 크리에이터, 게임 개발자, 광고 제작자들에게는 매우 실용적인 도구가 되고 있으며, 누구나 손쉽게 음악을 만드는 경험을 할 수 있게 된 것이죠.

# 자율주행 차는 실용화되었나요

편 우리나라는 아직 자율주행 차가 없는데, 실용화된 곳이 있다면서요?

김 미국에 웨이모Waymo 택시가 운행되고 있어요. 사람이 운전하지 않는 무인 자율주행 택시이며, 그 핵심에는 인공지능 기술이 있습니다. 웨이모는 구글의 모회사인 알파벳Alphabet이 만든 자율주행 전문 기업으로, 현재 미국의 일부 도시에서 일반 시민을 대상으로 유료 서비스를 운영해요. 사용자는 스마트폰 앱으로 택시를 호출하고, 사람이 없는 자동차에 탑승한 뒤 목적지까지 자동으로 이동할 수 있어요. 운전석에 아무도 앉아 있지 않고, 오직 AI가 모든 운전을 대신합니다.

이 택시가 작동하는 방식은 크게 네 단계로 나뉩니다. 먼저, 차량에 장착된 라이다LiDAR, 레이더, 카메라 등 다양한 센서가 주변 환경을 360도로 실시간 감지합니다. 그 다음 인공지능은 이 데이터를 분석해 주변에 있는 자동차, 사람, 자전거, 신호등 등 다양한 요소를 인식합니다. 이어서 이러한 정보를 바탕으로 다음에 어떤 일이 벌어질지를 예측합니다. 예를 들어 앞 차량이 차선을 바꿀 것 같으면 미리 속도를 줄이는 식으로 행동을 계획하죠. 마지막으로 AI는 가속과 감속,

핸들 조작, 정지 등을 스스로 수행해 실제 운전을 완전히 자동으로 수행합니다. 즉, 센서가 눈 역할을 하고, AI는 뇌처럼 상황을 판단하며, 조향 장치는 AI의 명령을 실행하는 손과 발 역할을 하는 셈입니다.

■ 사용하는 방법도 간단한가요?

김 앱으로 택시를 호출하고 목적지를 입력하면, AI가 최적의 경로를 계산해 차량이 도착합니다. 사용자는 차량이 도착하면 탑승해 자동주행으로 이동하고, 도착하면 문이 자동으로 열리고 앱에서 결제까지 완료됩니다. 실제로 미국 애리조나주 피닉스에서는 일반 시민들이 일상적으로 웨이모 택시를 이용하고 있으며, 샌프란시스코나 LA 등으로 서비스 지역이 점차 확대되고 있습니다.

웨이모 택시는 인공지능이 운전사 역할을 완전히 수행하는 시대가 현실이 되었음을 보여주는 대표적인 사례입니다. 단순한 실험이나 데모가 아니라, 실제 도로 위에서 사람을 태우고 상용 운영되고 있는 만큼, AI가 이제 교통과 이동의 방식을 근본적으로 바꾸고 있다는 사실을 실감할 수 있습니다.

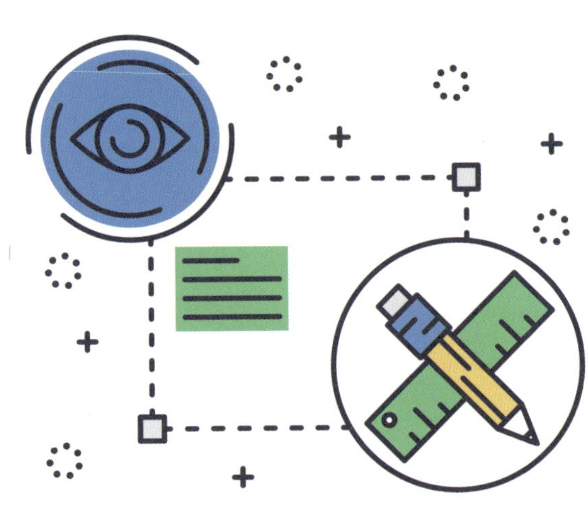

# GENERATIVE
## AI EXPERT

# 생성형 AI 전문가의 세계

편 앞에서 생성형 AI를 활용한 산업의 예를 몇 가지 살펴보았는데요. 그것만으로도 AI가 우리의 일상에 많이 들어와 있고, 산업의 변화를 주도하고 있다는 알 수 있었어요. 이런 변화를 만드는 사람들이 바로 김세준 님과 같은 생성형 AI 전문가들이 아닐까요?

김 그렇습니다. 일반 생성형 AI를 특정 분야(도메인)에 맞는 AI로 맞춤 설계하고 정교하게 조정하는 사람들이 바로 생성형 AI 전문가입니다. 앞에서 예를 든 것처럼 AI를 건강 비서나 여행 비서로 사용하고, 자동화 시스템으로 농작물을 키우고, 자율주행 시스템으로 차를 운행할 수 있도록 AI 서비스를 구축하는 일을 하는 거예요.

편 이 분야에는 어떤 사람들이 일하고 있나요?

김 생성형 AI 기술이 빠르게 발전하면서 이와 관련된 직업들도 다양하게 생겨나고 있습니다. 그중 가장 핵심적인 분야는 모델 자체를 설계하고 학습시키는 모델 개발 및 연구 영역입니다. 또한, 학습된 모델을 안정적으로 운영할 수 있도록 학습·배포·모니터링 자동화 시스템을 구축하는 MLOps 엔지니어와, 모델의 편향성과 윤리적 문제를 연구하고 기준을 마련하는 AI 윤리/보안 전문가도 요즘 각광받고 있습니다.

이와 더불어 중요한 분야는 이러한 모델을 실제 서비스나 제품에 응용하는 응용 및 시스템 개발 영역입니다. 여기서는 생성형 AI API를 활용해 웹이나 앱, 챗봇 같은 서비스를 구현하는 AI 서비스 개발자, 사용자 입력과 모델의 응답을 효율적으로 처리하는 백엔드 엔지니어, 그리고 사용자가 AI와 상호작용할 수 있는 인터페이스를 만드는 프론트엔드 개발자도 포함됩니다. 이 외에도 생성형 AI 시스템의 검색 기능을 개선하기 위해 RAG Retrieval-Augmented Generation 구조나 벡터 DB를 설계하는 엔지니어, 그리고 생성형 AI를 기반으로 한 제품 기획과 사용자 중심 기능을 설계하는 AI 제품 매니저[PM] 역시 이 영역에서 활발하게 활동하고 있습니다. 최근에는 여러 개의 AI가 역할을 나누어 협업하는 '에이전트 시스템'을 설계하는 개발자도 새롭게 부각되고 있습니다.

또한, 생성형 AI의 출력을 더 효과적으로 이끌어내기 위해 명령어(프롬프트)를 설계하고 결과를 조정하는 프롬프트 및 콘텐츠 제직 분야가 있어요. 이 분야의 핵심은 프롬프트 엔지니어로, 원하는 답을 얻기 위해 어떤 방식으로 질문하거나 조건을 설정해야 하는지를 연구하고 최적화하는 역할을 합니다. 여기에 더해, 생성형 AI로 블로그 글, SNS 콘텐츠, 영상 스크립트 등을 기획하고 제작하는 AI 콘텐츠 기획자와, AI가 만든 문장을 다듬고 상황에 맞게 조정하는 AI 작문·편집가도 포함됩니다. 이미지나 음악 생성 도구를 활용해 시각적·청각적 콘텐츠를 만드는 AI 이미지 디자이너, AI 작곡가 등도 중요한 역할을 하며, 텍스트·이미지·음성·영상 등 다양한 형태의 결과물을 조합해 만드는 멀티모달 콘텐츠 디자이너도 새로운 전문 직업으로 주목받고 있습니다.

편 업무가 꽤 많이 세분화되어 있어서 놀랍네요.

김 이 분야가 워낙 빠르게 발전하고, 변화의 폭이 넓어짐에 따라 새로운 직업이 생기기도 하고 없어지기도 하는데요. 다른 사람들이 대체할 수 없는 전문직이 있고, 한 사람이 여러 가지 업무를 할 수 있는 유동적인 직업도 있습니다.

삼일회계법인 팀원 워크샵

# 현재 어떤 AI 서비스를
# 구축하세요

 회계법인에서 근무하시는데, 어떤 일을 하시나요?

 회계사가 하는 일과 연관된 전부를 생성형 AI가 할 수 있도록 회계 분야의 생성형 AI를 만들고 있습니다. 이를테면 회계와 관련된 모든 데이터뿐만 아니라 세법과 판례, 회사의 노하우 데이터 등 모든 자료를 취합해 AI를 학습시켜서 실제 회계사들이 업무를 할 때 필요한 자료를 쉽게 찾을 수 있도록 하고, 사례를 검색하면 해결 방안을 제시하는 시스템입니다.

 회계 업무와 관련된 질문을 하면 답을 하는 생성형 AI를 개발하는 거네요. 회계 업무는 전문 분야로 관련법도 알아야 하고, 법이 개정되면 그것도 알아야 하고, 예외 적용, 판례도 알아야 하는데 그 모든 것을 AI가 찾아서 알려준다는 건가요?

 그렇습니다. 회계사가 업무와 관련된 질문을 하면 관련 법 조항은 무엇이고, 문제 해결에 영향을 미치는 시행규칙은 무엇이고, 어떤 판례가 있었는데 그 판례에 따라 어떻게 해결할 수 있을 것이라고 해결 방안까지 제시하는 거예요.

편 AI가 제시한 법률적 근거와 해결 방법이 신뢰성이 있어야 할 것 같아요.

김 중요한 문제입니다. 신뢰성을 확보하기 위해 자료의 출처와 근거가 되는 자료 목록을 제시해야 합니다. 세무분야와 관련된 법률, 시행령, 시행규칙, 예규, 판례 등 객관적으로 검증할 수 있는 출처와 근거를 모두 밝히는 거예요. AI는 수십만 건의 예규/판례들을 다 찾아 검토해서 의견을 내요. 또 어떤 부분에서 주의해야 하는지, 어떤 것을 놓치지 않아야 하는지 등도 제시하고 결론을 내려주죠.

편 서비스를 구축하는 게 꽤 어려워 보이는데요. 특히 중요하게 다루는 부분은 무엇인가요?

김 회계나 세무와 같은 업무에서는 어떤 상황에 어떤 법률을 적용해야 할지 판단하는 일이 매우 중요합니다. 앞서 언급한 세무분야를 예로 들면, 이 판단은 단순히 법률 한 조항만 확인한다고 끝나는 게 아니라, 관련 법률, 시행령, 시행규칙, 부직, 그리고 과거의 종선 규정까시 모두 살펴보아야 하는 복잡한 과정이에요. 어떤 법 조항을 보면 '시행규칙을 따른다'

는 문구가 있을 수 있고, 그 시행규칙을 확인했더니 '종전의
규정을 따른다'고 되어 있는 경우도 있습니다. 이런 경우에는
다시 과거의 규정으로 돌아가서 확인하고, 이 과정을 반복하
면서 점점 더 깊이 연결된 규정들을 살펴봐야 해요.

이처럼 사람이 수작업으로 일일이 관련 조항을 찾아가며
해석하는 일은 시간도 오래 걸리고 실수할 가능성도 있어요.
그래서 생성형 AI가 이 과정을 효율적으로 처리할 수 있도
록 데이터를 구조화해서 연결합니다. 각각의 법 조항이나 규
칙을 하나의 '노드'로 만들고, 이들이 서로 어떤 조건으로 연
결되어 있는지를 '선'으로 이어주는 거예요. 이렇게 하면 AI는
마치 미로를 탐험하듯이 하나의 법 조항에서 출발해 관련된
규정들을 자동으로 따라가면서 필요한 정보를 찾아낼 수 있
습니다.

결과적으로 이런 시스템은 단순한 자동화가 아니라, 법의
구조를 이해하고 논리적으로 탐색할 수 있도록 만든 일종의
'스마트 법률 네비게이션'이라 할 수 있습니다. 복잡한 회계나
세무 판단을 해야 할 때, 생성형 AI는 관련 법을 찾아가며 마
치 전문가처럼 결론에 도달할 수 있도록 도와주는 강력한 도
구가 되는 것입니다.

편 이 일과 관련해 만든 다른 AI 서비스도 있을까요?

김 회계 업무에 최적화한 번역기를 만들었어요. 구글이나 파파고 번역기는 회계 업무에서 쓰기에는 전문성이 떨어져 불편한 점들이 많아요. 간단한 예로 '감사합니다'를 영어로 번역하면 보통은 'thank you'지만, 회계 용어로 '감사'는 재무제표나 내부통제, 운영 실태 등이 기준에 맞게 관리되고 있는지를 점검하는 업무라는 뜻으로 영어로는 'Audit'예요. 그런데 보통 번역기는 '감사'를 'thank you'로 번역해서 의미 전달을 못 하잖아요. 이렇게 업무 분야에 특화된 번역기로 64개 언어를 사용할 수 있어요. 이 밖에도 회사에서 사용하는 형식에 맞게 보고서를 쓰고, 말을 하면 일정표를 만들어 주고, 제안서, 리포트, PPT 등 회사에서 필요한 업무는 대부분 AI를 활용할 수 있도록 서비스를 구축하고 있어요.

편 AI가 회계사의 업무를 줄여주고 효율성을 높이는 일에 큰 역할을 하고 있네요. 그런데 인사 문제나 기획 부분은 여전히 사람이 하지 않을까요?

김 그 문제도 AI가 도와줄 수 있어요. 이제 기업에서는 새로운 프로젝트가 들어오면, 예전처럼 사람들이 회의실에 모여서 누가 업무에 적합하고, 어느 팀이 맡는 게 좋을지를 논의

하던 방식에서 벗어나고 있어요. AI에게 물으면, 회사 내부의 인력 데이터베이스<sup>DB</sup>를 검색해서 그 업무에 가장 적합한 인력을 자동으로 추천하고, 그 사람의 이력서와 수행 경력까지 정리해서 제시해 줍니다. 심지어 프로젝트를 수행하는 데 얼마나 걸릴지, 어떤 일정을 기준으로 배치하면 좋을지까지 계획을 자동으로 세워주기도 해요.

편 실제로 이런 시스템을 쓰는 회사들이 많이 있나요?

김 그럼요. 많은 기업에서 활발히 쓰이고 있어요. 어떤 기업이 새로운 사업을 기획할 때 제안서를 공모하는 경우가 있습니다. 이런 제안서를 작성할 때 예전에는 사람들이 모여 회의하고, 과거 비슷한 프로젝트 자료를 일일이 찾아서 문서를 만드는 데 상당한 시간과 노력을 들였단 말이에요. 그런데 이제는 생성형 AI가 과거 프로젝트 기록을 자동으로 찾아서 제안서 작성에 필요한 내용(프로젝트 개요, 수행 인력, 경력, 예상 일정, 작업 범위 등)을 문서 형식으로 정리해 줍니다. 사원의 이력서와 팀의 구성도 AI가 관련 DB에서 검색해 적절한 인력을 연결하고, 문서에 자동으로 포함시킵니다. 이렇게 제안서를 작성하고 프로젝트 인력을 선정하고 일정까지 계획하는 일련의 과정을 사람이 하지 않고 AI를 통해 실현 가능해진 거예요. 이처럼 생성형 AI는 단순히 문장을 써주는 수준을 넘어서, 기업 내부의 지식 자산과 인력 정보를 연결하고, 실제 비즈니스 프로세스를 설계하며 실행을 보조하는 업무 자동화 도구로 빠르게 자리 잡고 있습니다. 대신에 사람은 보다 전략적인 판단과 창의적인 기획에 집중할 수 있는 거죠.

# 전문가에게 요구되는
# 역할이 따로 있나요

편 생성형 AI를 활용하는 산업 분야가 증가하고 있어요. 그에 따라 전문가로서 해야 할 역할도 늘었을 것 같아요.

김 지금은 생성형 AI 자체가 사업의 중심이 되고, 비즈니스의 핵심 전략이 되는 시점이에요. 예전에는 기업이나 기관에서 AI로 어떤 모델을 만들어 달라고 요청하면 그것을 구현하는 역할이었어요. 그런데 이제는 AI 전문가가 오히려 아이템을 제안하고, 투자받고, 설득하는 역할까지 하게 되었어요.

편 요청을 받고 맞춤형으로 AI 모델을 만드는 수동적인 역할이었다면 지금은 역으로 AI로 구현할 수 있는 서비스를 만들어 기업에 투자를 받거나 팔 수 있다는 것으로 이해해도 될까요?

김 그렇습니다. 이렇게 입장이 달라졌기 때문에 전문가로서 역량을 발휘하려면 사람들을 설득하는 기술도 필요해졌어요. 하지만 AI 기술을 설명하는 게 쉽지는 않아요. 예를 들어서 어떤 투자자나 경영진이 이 기술의 미래를 설명해 보라고 하면, 그분들에게 이건 왜 중요하고, 어떻게 비용이 줄고, 어떤 방향으로 발전할 거라는 걸 기술 용어 없이 설명해야 해요. 그 사람들은 대부분 50~60대의 경험 많은 사업가들로 사업의 방향을 결정하는 능력은 탁월하지만 AI 기술은 거의 이해하지 못해요. 기술을 알지 못하는 사람들에게 쉽게 설명해서 설득하고, 사업 전략에 직접 참여해야 합니다. 한마디로 '기술적 소통 능력'이 필요한 거죠.

편 AI 전문가라고 하면 혼자서 뭔가를 열심히 해서 AI 모델을 만드는 개발자의 이미지가 떠오르는데, 제가 생각하는 그런 이미지랑 많이 다르네요?

김 그런 이미지가 있지요. 하지만 지금은 '개발자스러움'을 넘어 사업적인 마인드로 접근해야 합니다. 저는 운이 좋게도 원래 혼자 고립된 상태로 일하는 것을 좋아하는 스타일이 아니어서 전문가로 자리를 잡는 데 도움이 되었던 것 같아요. 지금은 AI 기술 없이는 기업이 생존하기 어렵다고 생각해요. 이 또한 산업의 흐름인데, 이런 흐름을 읽고 선제적 대응을 하는 기업이 미래를 선점하는 거예요. 저희 같은 AI 전문가는 그 흐름을 기술적인 배경과 함께 기업들에 전달하고 설득하는 역할도 합니다.

# 팀을 이루어 일하는 것이<br>효율적인가요

 생성형 AI 분야에서는 팀 단위로 일하는 게 당연하다고 하셨는데, 왜 그런가요?

 지금 저희가 하는 일은 생성형 AI를 도구로 사용하는 하나의 서비스를 구축하는 것입니다. 실제로 업무 현장에서 회계사들이 사용하는 형태로 완성하는 일이에요. 하나의 서비스를 완성하기 위해서는 여러 전문가가 각자의 위치에서 맡은 역할을 해주어야 하는데요. 시스템의 구조를 짜고 기능이 돌아가도록 서버와 시스템을 설계하는 백엔드 개발자, 사용자들이 보는 화면을 디자인하고 인터페이스를 구현하는 프론트엔드 개발자, 데이터가 오가도록 파이프라인을 구축하는 데이터 엔지니어, 실제로 텍스트나 이미지를 생성하는 AI의 핵심 기능을 설계하고 훈련시키는 AI 모델러, 그리고 모든 것을 기획하고 점검하는 저 같은 사람이 있지요.

 하나의 서비스를 구축하는 일이 쉽지 않은 것 같아요.

 저는 종종 이 일을 건축에 비유해서 설명해요. 지어진 건물이 그 용도로 잘 쓰이기 위해서는 갖추어야 할 것들이 꽤 많아요. 그렇듯이 모델 하나를 만들 때 적어도 AI 모델러, 백엔드, 프론트엔드, 데이터 엔지니어는 꼭 있어야 하고, 서비스가 커지면 서버 아키텍처 전문가, QA(품질 테스트 담당자) 같은 역할도 필요해요.

편 그래서 팀 단위가 아니면 운영이 어렵다는 말씀이시군요?

김 네. 혼자서 할 수 있는 범위가 명확하게 한계가 있어요. 특히 생성형 AI처럼 기술, 데이터, 사용자 경험이 모두 연결된 분야는 협업이 기본 전제가 되어야 해요.

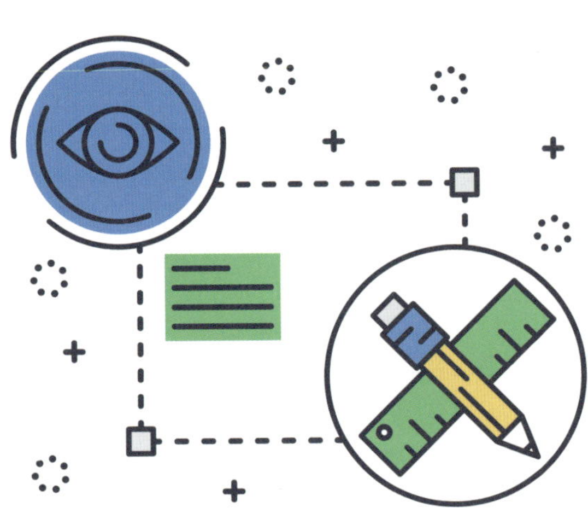

# GENERATIVE
# AI EXPERT

# 생성형 AI 전문가가 되는 방법

# AI를 체험하고 즐기는 게
## 도움이 될까요

편 AI 분야로 진로를 생각하는 청소년이라면 지금부터 어떤 준비를 해야 하나 관심이 많을 거예요. 어떻게 준비하라고 조언하시겠어요?

김 많은 사람들이 프로그래밍 언어를 먼저 배워야 한다고 생각하지만, 저는 그렇게 생각하지 않습니다. 앞으로 몇 년 후에는 프로그래밍 언어를 몰라도 누구나 개발할 수 있는 환경이 만들어질 거예요. 사실 지금도 그래요. 그래서 저는 생성형 AI 전문가가 되기 위해서는 현재 나와 있는 다양한 생성형 AI 서비스들을 마음껏 써 보는 게 제일 중요하다고 생각해요. 쓰면서 생성형 AI의 장단점을 직접 느껴보고, 서비스마다 어떤 차이점이 있는지, 불편한 점은 무엇이고 좋은 점은 무엇인지 직접 느끼고 깨닫는 과정이 가장 중요합니다. 이렇게 먼저 흥미를 느끼고 나서 내가 생성형 AI로 무엇을 하고 싶은지, 무엇을 할 수 있는지, 내가 만드는 생성형 AI가 세상에 어떤 긍정적인 영향을 줄 수 있는지 상상하는 거예요. 그러면 답이 더 명확히 보일 거예요. 세상을 변화시키려면 기술만으로 되는 게 아니거든요.

📍편 실제로 무언가를 만들고 싶을 때는 어떻게 시작하는 게 좋을까요?

📍김 초기에는 시각적으로 쉽게 조작할 수 있는 스크래치 Scratch나 엔트리entry 같은 툴을 이용해 코딩을 놀이처럼 체험해 보는 거예요. 아니면 노코드 툴이나 AI 생성 도구(예: ChatGPT, Teachable Machine, Runway 등)를 활용해서 'AI가 나를 도와주는 경험'을 하는 것도 좋은 시작이지요. 이처럼 코드를 짜는 것보다는 무언가를 만들고 싶다는 생각으로 다가가면 프로그래밍은 훨씬 덜 두렵고, 오히려 신나는 도구처럼 느껴질 수 있습니다.

일상에서 흥미를 끌 수 있는 작은 프로젝트를 시도해 보는 것도 좋아요. 예를 들어 ChatGPT를 활용해 나만의 책 추천 봇을 만들거나, 일기를 자동 요약하는 간단한 챗봇을 만들어보는 거죠. 이 과정에서 간단한 파이썬 문법이나 프롬프트 설계법을 자연스럽게 익힐 수 있어요. 처음부터 거대한 AI 모델을 만들겠다는 목표보다는, 생활 속 문제를 해결하는 작고 실용적인 도전이 자신감을 키우는 데 효과적입니다.

📍편 먼저 학습하려고 하지 말고 흥미를 느끼는 게 이 일을 시작하는 동기가 될 수 있다는 말씀이네요.

김  청소년이 프로그래밍을 처음 접할 때 겪는 가장 큰 문제는 바로 초기 진입 장벽입니다. 제가 아이들을 대상으로 한 강연에서 첫 시간에 어려운 언어나 개념(C언어, 알고리즘 등)을 가르친다면 아이들은 '이건 나랑 안 맞아'라는 생각이 들면서 쉽게 포기할 거예요. 어렵고 복잡한 코드를 먼저 접할 게 아니라 흥미와 성취감을 느낄 수 있는 방식으로 접근해야 해요. 이때 가장 좋은 방법은 프로그래밍이나 AI를 기술이 아닌 도구, 혹은 창의력의 표현 수단으로 경험하게 해주는 것이죠.

AI 도구를 잘 활용해 보고, 왜 이게 이렇게 작동하지?라는 궁금증을 품는 것이 출발점이 되어야 해요. 그런 궁금증이 쌓이면 자연스럽게 GPT의 구조, 트랜스포머 모델, 딥러닝 알고리즘 등에 관심이 생기고, 그때 더 본격적인 학습을 하면 돼요. 즉, 실용적인 체험이 먼저, 원리에 대한 이해는 그 다음이라는 순서가 청소년에게는 훨씬 자연스럽고 지속 가능한 접근입니다.

# 깊게 알고 싶다면
# 어떻게 하면 좋을까요

편 흥미를 가지고 시작했다가도 공부가 어려워지면 포기하고 싶은 마음도 들 것 같아요.

김 깊게 들어가면 쉬운 공부는 아니에요. 그럴 때 무엇보다 중요한 것은 혼자서 좌절하지 않는 거예요. 친구들과 함께 아이디어를 나누거나, 선생님이나 멘토의 도움을 받으며 배우면 훨씬 재미있고 오래갑니다. 프로그래밍은 정답을 맞히는 공부가 아니에요. 시행착오 속에서 배우는 창의적인 활동이고, 여러 사람들과 협업하면서 결과물을 내야 해요. 생성형 AI 전문가는 단순히 코딩 실력이 뛰어나다고 되는 게 아니라, 새로운 기술을 흥미롭게 받아들이고 문제를 창의적으로 해결하려는 태도가 있어야 할 수 있는 일입니다. 그래서 저는 청소년들에게 꼭 하는 말이 있어요. '어렵게 시작하지 않아도 된다. 오히려 AI를 재미있고 나답게 사용하는 법을 아는 사람이 더 좋은 개발자가 될 수 있다'고요.

한 가지 더 청소년이 알아야 할 게 있어요. 가까운 미래에 생성형 AI 전문가라는 직업명이 사라질 수도 있어요. 새로운 기술이 개발되어 안착할 때까지는 기술을 개발하는 사람들,

그러니까 우리가 개발자라고 부르는 사람들이 맹활약을 하지만 기술이 산업 전반에, 사람들의 일상에 쓰이기 시작하면 극소수의 개발자만 남고 나머지 사람들은 기술을 활용하는 직업으로 이동해요. 인터넷이 처음 나왔을 때 인터넷을 구축하는 연구자와 개발자가 넘쳐났지만, 시간이 흐른 지금 누구도 인터넷을 개발한다고 하지 않는 것과 같은 이치예요. 그렇다면 청소년은 '생성형 AI +∝'의 시대를 준비해야 해요. 여기서 '∝'란 생성형 AI를 전문적으로 활용하는 다른 분야의 직업을 의미해요. 처음부터 생성형 AI 전문가가 되어야겠다는 마음이 아니라 자신이 하고 싶은 분야를 명확히 정하고 거기에 맞게 AI를 활용하는 방법을 찾아나가는 거예요. 자신의 분야가 명확히 있어야 어떻게 활용할지 보이는 것이 AI예요. 화가가 되고 싶다든지, 작곡가가 되고 싶다든지 하면, 생성형 AI를 어떻게 활용해야 하는지가 더 구체적으로 보이는 것과 같은 이치입니다. 결과적으로 자신이 하고 싶은 분야의 생성형 AI 서비스들을 마음껏 써 보는 게 가장 기본적인 준비인 것 같아요.

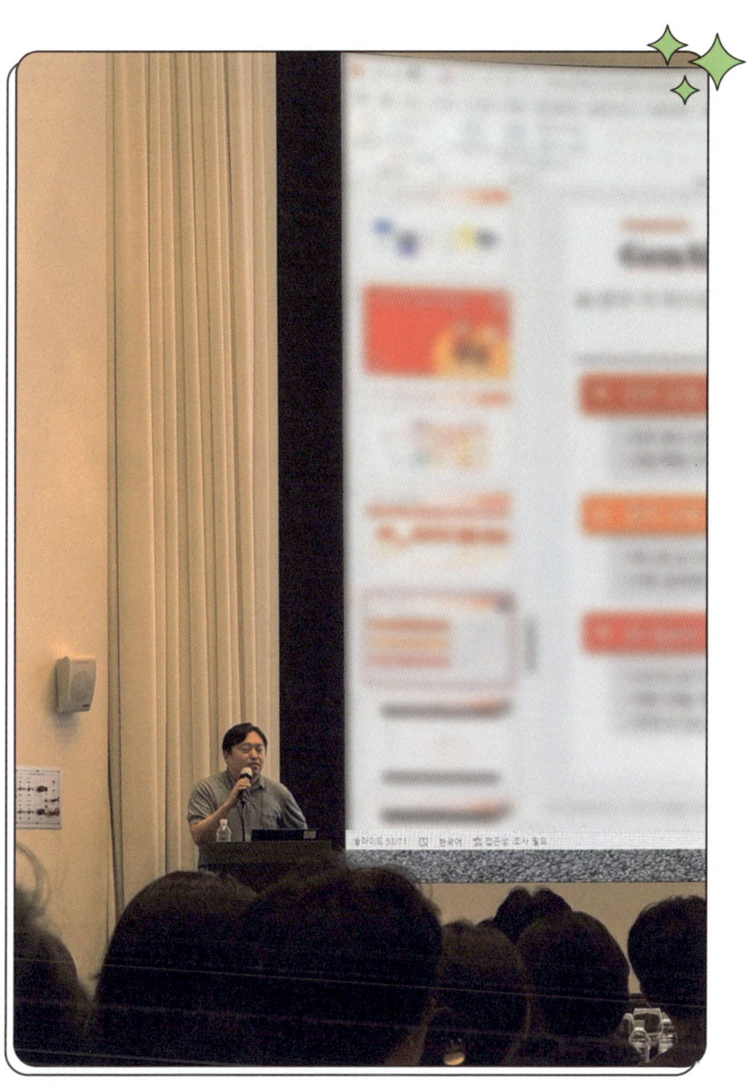

삼일회계법인에서 인공지능 서비스 관련 내용 발표

# 이 일에 더 적합한 성향이 있나요

편 어떤 성향이 이 일에 잘 맞을까요?

김 AI 관련 분야 종사자라고 하면 보통 조용하고 모니터만 보는 사람을 떠올릴 수 있는데, 생성형 AI 쪽은 훨씬 더 열린 성향이 잘 맞을 수 있어요. 기존에 없던 걸 만들어야 하는 일의 특성상 새로운 것을 만드는 데 흥미가 있는 사람, 그리고 시행착오를 두려워하지 않는 성향이라면 더 좋겠죠. 내향적이어도 되고 외향적이어도 되지만, 공통적으로 창조적인 일에 관심이 많고, 직접 뭔가를 만들어내는 데에서 즐거움을 느끼는 게 중요해요.

편 도전하는 일이라서 안정성을 추구하는 성향의 사람에게는 부담스럽지 않을까요?

김 꼭 그렇지도 않아요. 계획적으로 일하는 것을 좋아하는 성향의 사람들은 꼼꼼하고 구조적인 일을 잘해요. 반대로 정해진 길을 가기보다는 아이디어를 자유롭게 펼치고 실험을 즐기는 사람도 있지요. 저는 어떤 성향이라도 다 괜찮은 것 같아요. 왜냐하면 이 일은 혼자 하는 일이 아니기 때문이에요. 저는 팀을 이끌고 있는데, 팀원을 보면 반대되는 성향의

사람들이 거의 반반 섞여 있어요. 일하는 스타일이 다른 게
오히려 시너지 효과를 낼 때도 있지요.

🤖 미국에서 열린 국제학회에 발표자로 참여

# 코딩을 꼭 배워야 할까요

편 몇 년 전만 해도 초등학생을 비롯해 중고등학생도 모두 코딩을 배울 필요가 있다는 의견이 많았어요. 지금도 그런가요?

김 AI를 활용하려면 코딩을 알아야 한다고 해서 코딩 교육 열풍이 불었던 것도 사실인데요. 파이썬이나 러스트를 배워 직접 코딩을 짜는 것도 좋겠지요. 그런데 반드시 배워야 하는 건 아닐 수도 있어요. 보통 코딩을 배우는데 1, 2년 정도 걸리는데, 요즘엔 말로 간단하게 코딩할 수 있거든요. 프로그래밍도 하나의 언어예요. 옛날처럼 언어를 하나하나 배우기보다는 논리적 흐름을 아는 것으로 충분할 것 같아요.

편 말로 코딩을 할 수 있어요?

김 네. 바이브 코딩이 있어요. '바이브 코딩Vibe Coding'은 현재 공식 용어는 아니지만, AI 개발자나 생성형 AI 도구를 활용하는 전문가 사이에서 실제로 자주 쓰는 말이에요. 직역하면 '느낌적으로 코딩한다'는 뜻인데, 그런 의미를 넘어서 AI 도구와 실시간으로 상호 작용하면서 몰입감 있게 작업하는 새로운 코딩 스타일을 말해요. 기존처럼 설계하고, 구현하고, 디버

깅하고 이런 순차적인 방식이 아니라, 아이디어가 떠오르면 바로 AI에게 자연어로 말을 걸듯 코드를 만들어달라고 요청하고, 또 그걸 수정하면서 흐름에 따라 작업하는 방식이에요.

편 실제로 어떻게 작업하나요?

김 전문가들이 일할 때는 ChatGPT나 GitHub Copilot 같은 AI 도구를 여러 목적으로 써요. 예를 들면, 하나는 아이디어 정리용, 또 하나는 코드 작성용, 또 다른 창은 디버깅용으로요. 각 역할을 나눠서 동시에 작업하면서, 마치 AI와 팀처럼 일하는 거죠. '이 기능을 파이썬으로 짜줘', '이거 자바스크립트로 바꿔줘', '이 부분만 더 빠르게 최적화해 줘' 이런 식으로 계속 AI와 피드백을 주고받으면서 코드를 다듬어요. 전통적인 코딩처럼 먼저 설계를 끝내고 다음에 구현할 수도 있지만, 그냥 떠오르는 아이디어를 AI랑 대화하듯 하나씩 구현해 보면서 점점 발전시키는 방식도 가능해요. 특히 빠르게 프로토타입을 만들어야 하는 AI 개발자들한테는 이 방식이 효율적일 수도 있어요.

편 결국 바이브 코딩이 개발 방식의 새로운 트렌드가 될 수 있다는 건가요?

김 네, 맞아요. 단순한 스타일을 넘어서, 창의적인 사고를 도와주는 도구이자 새로운 개발 방식으로 자리 잡아가고 있어요. AI가 실무에 깊이 들어온 시대에는 이런 식의 대화형·몰입형 개발이 점점 더 중요해지고 있어요. 인간과 AI가 서로 자극을 주고받으면서 함께 만들어가는 거니까요. 물론, 바이브 코딩이 더욱 활발하게 활용되려면 기술의 수준이 현재보다 더 높아져야 하는데요. 그 수준에 도달하는 것도 오래 걸리지는 않을 거예요. 그래서 빠른 시일 안에 바이브 코딩이 새로운 트렌드로 자리잡을 거라고 생각해요.

편 하지만 AI에게 코딩을 전부 맡겼을 때 오류가 생길 수도 있을 텐데, 그런 걱정을 하지 않아도 될까요?

김 네, 아주 중요한 지적이에요. AI가 코드를 대신 짜준다고 해도, 그걸 무조건 믿고 쓰는 건 위험할 수 있어요. AI도 사람처럼 실수하거나, 의도와 다르게 코드를 짤 때가 있거든요. 그래서 여전히 개발자의 판단력이 필요해요. 핵심은 AI를 도구로 잘 활용하는 거지, 모든 걸 맡기는 게 아니에요. 예를 들어 AI가 코드를 제안하면, 그걸 점검하고 수정하면서 내가 원하는 방향으로 조율해야 하죠. 그러니까 코딩 실력보다 더 중요한 건 문제를 어떻게 풀 건지 사고하는 힘, 그리고 AI가 제안한 결과를 비판적으로 검토하고 다듬을 수 있는 역량이에요.

편 지금은 아니지만 전문가가 되는 단계에서는 코딩을 잘해야 하는 거군요.

김 앞에서는 코딩을 배우지 말라고 해놓고 결과적으로는 코딩을 알아야 한다고 끝맺음을 하는 것 같네요. (웃음) 제가 코딩을 지금 배울 필요가 없다고 한 것은 생성형 AI 전문가라는 직업에 관심이 생겨 무엇을 먼저 시작할까 고민하는 단계에서 코딩을 배우는 것이 흥미를 잃어버리는 계기가 될 수있기 때문이에요. 코딩에 흥미가 있다면 배우고, 아직 코딩까지는 관심이 없다면 앞에서 말한 대로 생성형 AI 서비스를 마음껏 사용해 보는 것이 좋겠습니다.

# 학력이 중요한 일인가요



편 이 일을 하려면 어느 대학, 어느 학과에 진학하는 게 좋을까요?

김 기술을 익히고 실습하는 기회를 가져야 하는데, 혼자서 찾기 어렵다면 대학에 진학해 배우는 것도 하나의 방법이에요. 요즘 대학에 인공지능 관련 학과가 많이 있는데, 학과를 고를 때는 몇 가지를 잘 따져보는 게 좋아요. 먼저, 연구 중심인지 실무 중심인지를 확인해 보세요. 인공지능학과로 독립된 학과인지, 아니면 기존 컴퓨터공학과 안에 전공 트랙으로 포함되어 있는지도 알아보고요. 독립 학과라면 보통 커리큘럼이 더 집중적으로 짜여 있어서 AI만 깊이 있게 배우는 경우가 많고, 전공 트랙은 컴퓨터공학의 기초를 배우면서 AI를 선택적으로 공부할 수 있는 구조입니다.

또 하나 산학협력이나 인턴십 기회가 잘 마련되어 있는지도 보세요. 삼성, 네이버, LG 같은 대기업과 연계된 프로그램이 있는 학교는 졸업 전에 실제 프로젝트를 경험해 보거나 인턴십을 할 기회가 많아요. 마지막으로, 나중에 대학원 진학도 생각하고 있다면, 그 대학이 AI 대학원이나 인공지능 관련 대학원과 얼마나 잘 연계되어 있는지 알아보세요. 학부 과정에서 들은 과목이나 지도 교수님이 대학원 진학에도 이어질 수 있거든요. 이런 기준들을 참고해서, 본인에게 맞는 방향이 어떤 건지 먼저 정리해 보면 훨씬 좋은 선택을 할 수 있을 겁니다.

편 AI 외에 다른 전문 분야를 가지는 것을 추천하셨는데, 대학에 진학할 때 이런 점도 고려해 봐야겠죠?

김 엔비디아의 젠슨 황이 얼마 전에 어느 인터뷰에서 프로그래밍 언어를 배울 필요 없다고 했어요. 앞으로는 AI가 다 할 거니까 인간은 프로그래밍 언어를 몰라도 된다는 취지였는데요. 그러면서 다시 공부한다면 생물학이나 생명 과학을 배울 거라고 하더군요. 저도 억지로 프로그래밍 언어를 배우면서 시간과 노력을 낭비하지 않아야 한다는 데 동의합니다. 어차피 AI는 그 자체로의 쓸모보다 다른 분야에서 도구로 쓰일 때 훨씬 효용 가치가 있으니까요. 가능하다면 AI를 활용할 수 있는 분야의 공부를 하면 도움이 될 거예요. 그렇지만 어떤 선택이 맞다 틀리다의 문제가 아니니 마음이 가는 대로 선택해 보세요.

# 경력을 쌓는 방법은 무엇인가요

편 생성형 AI 분야는 신규 채용보다 경력자를 선호한다고 들었습니다. 경력이 없는 사람은 어떻게 이 분야에 진입할 수 있을까요?

김 얼마 전까지는 인공지능학과가 있는 대학원에 들어가서 직접 실습하고 연구하는 것 외에 다른 방법이 거의 없었어요. AI를 학습할 교재도 없고, 정보도 희소했거든요. 그런데 요즘은 상황이 달라졌어요. Google Colab 등 무료 GPU 플랫폼들이 생기면서 기본적인 모델 실험은 누구나 해볼 수 있는 환경이 만들어졌어요. 또 유튜브, GitHub, Hugging Face, arXiv 같은 플랫폼에서도 AI를 연구한 논문, 모델과 코드가 실시간으로 공개되고 있어서, 일반인들도 AI 논문을 보고 스스로 실습해 볼 수 있는 기반이 생겼어요. 아직은 제한적이지만, 정부나 공공기관 중심으로 AI 체험교육이나 공용 GPU 지원 사업도 늘어나고 있어요.

편 혼자서도 경험을 쌓을 수 있는 방법이 많아졌다는 거네요.

김 맞습니다. 진입 장벽이 완전히 사라진 건 아니지만 낮아지고 있는 것은 사실이에요. 지금도 대규모 실험에는 여전히 자원이 필요하지만, 작은 실험이나 샘플 프로젝트는 충분히 개인이 해볼 수 있어요. 그래서 저는 지금이야말로 입문자가 포트폴리오를 만들기 좋은 시기라고 생각해요. 개인 프로젝트, 오픈소스 참여, 논문 재현 등으로도 충분히 경력의 기반이 될 수 있습니다.

편 기회가 많아지긴 했는데 전문적인 경험을 쌓기에는 부족해 보이는데요. 좀 더 전문적인 경험을 쌓으려면 어떻게 해야 할까요?

김 이 분야에서 경험을 쌓으려면 필요한 것들이 있어요. 대규모 데이터셋과 GPU인데요. 이 두 가지를 개인이 갖추는 것은 쉽지가 않아요. 그래서 장비가 갖춰진 대학교와 대학원에 진학해 경험을 쌓는 경우가 있고, 자원이 충분한 연구실에 들어가는 방법, 그리고 이런 조건이 갖춰진 회사에 들어가는 방법이 있어요.

편 높은 학력이나 특정 대학 출신들이 더 유리한가요?

김 업계 전반의 분위기를 말씀드리자면, 좋은 학교, 높은 학위일수록 여전히 선호되는 게 현실이에요. 특히 생성형 AI는

IBM 재직 시절 동료들과 함께

컴퓨터공학 외에도 수학이나 통계학 등 기초 과학지식을 기반으로 더 확장된 분야이기 때문에, 박사나 석사 출신들이 많이 활동하고 있어요.

편 그래도 꼭 학력이 높아야만 이 분야에 진입할 수 있는 건 아니죠?

김 절대 그렇진 않아요. 고졸 출신 전문가도 많이 있어요. 저는 팀을 구성할 때 학력보다 실질적인 경험을 훨씬 더 중요하게 봐요. 결국 문제는 어떻게 경험을 쌓느냐인데, 이게 지금 AI 업계의 큰 딜레마예요.

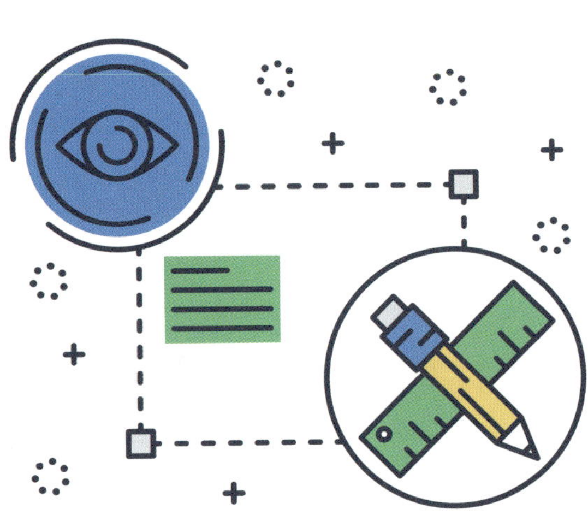

# GENERATIVE
# AI EXPERT

# 생성형 AI 전문가가 되면

# 연봉은 어느 정도인가요

편 연봉은 얼마나 되나요?

김 연봉은 국가, 경력, 학위, 기업 규모, 직무 영역(연구 vs 응용)에 따라 크게 달라요. AI 분야에서도 생성형 AI 전문가의 연봉을 단정지을 수는 없지만 일반 개발자보다 더 높은 연봉을 받는 경우가 많아요. 생성형 모델 연구, 대규모 언어모델 관련 R&D 주도하는 업무를 하는 박사급 전문가는 보통 1억 원 이상이고 심화 기술을 보유한 핵심 전문가는 수십억에서 수백억 원 이상으로 개인의 역량에 따라 연봉은 크게 차이가 납니다.

편 미국에서는 더 높은 연봉을 받는다는 기사가 있었어요.

김 LLM의 핵심 인력이라면 100억 원 이상도 가능해요. 실제로 몇백 억 원을 연봉으로 받는 사람들도 있습니다.

편 나라마다 연봉의 차이가 꽤 많이 나네요. 우리나라에서 외국의 인재를 영입하려고 하면 연봉이 걸림돌이 될 것 같은데, 어떤가요?

김 우리나라에서 일하는 것보다 미국에서 일하는 게 연봉이 높아 전문가들도 미국에서 일하는 사람이 많아요. 또한, 우리나라 기업이 미국의 개발자들을 스카웃하려고 해도 연봉 때문에 어려운 경우도 많고요. 미국은 워낙 연봉이 높아서 그 이상의 대우를 제시하지 않으면 이직하지 않아요. 그리고 다른 문제도 있어요. 미국의 교수들 중에는 한국 대학에서 학생들을 가르치고 싶은 분들이 꽤 있는데, 낮은 연봉보다도 다른 제약이 있어서 오기를 꺼리는 거예요. 외국은 교수가 사업을 할 수 있어요. 학생들을 가르치면서 사업을 하면 낮은 연봉을 메울 수 있으니까 괜찮은 조건이 될 텐데, 우리나라는 얼마 전까지 아예 겸직을 금지하는 제약이 있었어요. 2023년, 2024년에 법률이 개정되어 교수의 겸직 및 창업 활동 허용 범위가 확대되면서 외국의 유명 교수들을 영입할 수 있는 조건이 마련되었어요. 하지만 아직은 그 효과가 눈에 띄게 나타나지는 않는 것 같아요.

## 이 직업의 매력은
## 뭐라고 생각하세요

편 이 일을 하시면서 특별히 좋다고 느끼는 점, 또는 이 직업만의 매력이라고 생각하는 점은 무엇인가요?

김 생성형 AI는 기존에 없던 것을 만들어내는 일이기 때문에 그 자체가 굉장히 흥미롭고 즐겁습니다. 아이디어 하나로 이미지, 음악, 영상, 텍스트 같은 콘텐츠가 실시간으로 만들어지는 걸 볼 때마다 신기하고 짜릿한 순간이 많아요. 그리고 또 하나는, 기술을 새로운 분야에 적용해서 전에는 없던 솔루션을 찾아낼 때의 쾌감이에요. 예를 들어, '이런 문제에도 AI가 적용될 수 있을까?' 하고 반신반의하며 시도해 봤는데, 정말 가능성이 보이고 성과가 나올 때가 있어요. 그럴 땐 제가 미지의 영역을 개척하고 있는 뿌듯함을 느껴요.

편 생성형 AI가 기술적으로도 요즘 가장 앞선 분야잖아요? 그래서 사회의 변화를 이끄는 직업이라는 자부심도 있으실 것 같은데요.

김 네, 맞습니다. 현재 존재하는 모든 테크 분야 중에서도 가장 이슈가 되고 있는 분야 중 하나죠. 속도도 빠르고, 매일 같이 새로운 모델이나 기술이 등장하니까 계속 배워야 하고, 그래서 지루할 틈이 없어요. 어떤 면에서는 이게 힘들 수 있지만, 변화를 즐기는 사람에겐 굉장히 흥미로운 분야예요.

편 이 분야가 앞으로도 계속 확장될 거라고 보시나요?

김 네, 앞으로도 꽤 오래 이 흐름은 이어질 거라고 확신해요. 단기 유행으로 끝날 기술이 아니라, 산업 전반을 바꾸는 힘이 있는 기술이니까요. 실제로 지금도 콘텐츠 제작, 교육, 헬스케어, 금융 등 거의 모든 분야에 들어가고 있고, 앞으로 AI를 활용하는 산업의 분야는 더 많아질 거예요.

# 직업병이 있나요

편 생성형 AI 분야에서 일하시면서 생긴 직업적인 습관이나 직업병 같은 게 있으신가요?

김 우선 물리적인 직업병으로는 거북목이 있어요. 하루 종일 모니터를 보고 하는 일이라 자세가 굳고, 목이나 어깨 통증은 기본이에요. 이 분야에서 일하는 사람이라면 다들 공감하실 거예요.

편 그럴 것 같아요. 혹시 습관적인 면에서는 어떤 게 있으세요?

김 저는 트렌드 모니터링이 거의 습관처럼 몸에 배어 있어요. 이쪽 분야는 워낙 빠르게 바뀌잖아요. 하루 만에 새로운 도구가 나오기도 하고, 우리가 2달 동안 개발한 기능이 하루 만에 완전히 대체되는 경우도 있어요. 그래서 신기술이 나왔다고 하면, 바로 확인하고 비교하는 게 자동 반응처럼 되어 있죠.

편 그런 기술 변화에 아주 민감해야겠어요.
김 네, 속도가 정말 중요한 직업이라 일반적인 소프트웨어 개발보다 훨씬 빠른 사이클로 움직여야 해요. '충분히 검토해서 2년 뒤에 출시할게요' 같은 말은 이 분야에서는 통하지 않습니다. 그 사이에 세상이 여러 번 바뀌거든요.

편 기술이 안정화된 분야와는 확실히 다르겠어요.

김 맞아요. 예를 들어 일반적인 IT 서비스라면 오류 발생 확률이 낮고, 테스트도 철저히 할 수 있어요. 그런데 생성형 AI는 아직 완전히 안정화되지 않은 기술들이 많고, 문제에 부딪히면서 배우는 구조예요. 갑자기 모델이 느려진다거나, 외부 API가 예기치 않게 반응한다거나, 어떤 문제가 생길 때마다 실시간으로 대응하고 조정해야 하죠. 이렇게 시행착오를 감수하면서 가야 하는 일이기 때문에 처음부터 완벽한 결과를 기대하기보다는, 빨리 만들고 빨리 부딪혀 보면서 개선하려는 마인드가 중요해요. 변화에 열린 태도와 실전 감각이 요구되는 일이라고 생각해요.

# 일에서 오는 스트레스는 무엇인가요

 아무래도 워낙 빠르게 변하는 분야에서 일하시니까, 스트레스도 꽤 있으실 것 같아요. 어떠세요?

 스트레스가 아예 없을 수는 없어요. 저는 일에 있어서 뒤처지지 않으면서 트렌드를 따라가야 한다는 생각이 강해요. 때로는 오히려 트렌드보다 앞서가야 한다는 압박감도 있지요. 그래서 머릿속에는 늘 '뭔가 놓치고 있는 것은 아닌가?' 의심하고 경계하는 생각이 떠나지 않아요. 예를 들어, '기술이 하루가 다르게 발전하는데, 내가 거기에 발맞추지 못하고 쓸모 없는 사람이 되는 건 아닐까, 내가 사회적으로 더 이상 효용이 없는 사람이 되면 어떡하지?' 그런 생각이 머릿속에 늘 깔려 있어요. 그게 스트레스이긴 해요.

 스트레스가 있다고 느낄 때는 어떻게 하세요?

 좀 이상하게 들릴 수 있지만, 오히려 몸을 바쁘게 움직이는 게 마음의 스트레스를 줄여줘요. 평일에는 밤 9시, 10시까지 야근하는 날도 많고, 퇴근하고 나서도 논문 찾아보고 학회지 논문 쓰고, 강연이나 멘토링도 해요. 이렇게 끊임없이 AI 관련된 활동을 하다 보면, 몸은 피곤한데 마음은 오히려 편안해져요.

편 그게 일종의 스트레스 해소법인 거네요?

김 네, 저는 그렇게 생각해요. 몸이 편하면 마음이 힘들고, 마음이 편하면 몸이 힘든 거거든요. 예를 들어, 논문을 미리미리 준비해 둔 대학원생은 교수님이 '이번에 논문 하나 발표해 봐'라고 기회를 줄 때 이미 서랍에 논문이 10개쯤 있으면 여유롭게 하나 꺼내 발표할 수 있잖아요. 그럼 스트레스가 덜하죠. 대신 그만큼 잠도 못 자고 힘들긴 하겠지만, 준비가 되어 있다는 안정감이 스트레스를 덜어주는 거예요.

편 스트레스를 해소하는 방법도 결국 준비와 연결되는 거군요.

김 맞아요. 저는 준비가 안 되어 있으면 마음이 불안하고, 그게 곧 스트레스가 돼요. 그래서 일부러라도 바쁘게 살고, 끊임없이 배우고, 사람도 자주 만나려고 해요. 회사 일 외에도 강연, 책 집필 같은 활동을 병행하는 이유도 거기 있어요. 스트레스를 없애는 게 아니라, 스트레스를 밀어낼 만큼 스스로를 채워가는 것, 그게 제가 선택한 방식이에요. 그리고 저는 사람 만나는 걸 좋아해서, 다양한 분야의 사람들과 교류하는 것 자체가 에너지가 되기도 해요.

# 직장 문화는 어떤가요

편 IT 업계나 AI 업계에서는 일 문화가 자유롭고 역동적이라고 들었어요. 실제로는 어떤가요?

김 저희는 진짜 일할 때 엄청 시끄러워요. (웃음) 사무 공간은 마크업 보드로 쫙 둘러져 있고, 계속 뭔가 쓰고 지우고 회의하고 그런 분위기예요. 스타트업 느낌이 강하죠. 누군가 아이디어가 떠오르면 바로 모니터를 돌려서 보여주고 "어, 이거 뭐야? 이거 어떻게 생각해?" 하면서 바로 팀원이 다 같이 모여서 얘기해요. 진짜 유연하게, 큰 소리로 아이디어를 주고받고, 형식 없이 자유롭게 의견을 나누며 팀 전체가 함께 논의하는 분위기예요.

편 호칭 문화나 업무 방식도 일반적인 조직과는 다른가요?

김 네, 저희도 회사 소속이라 공식적인 직급이 있어요. 그런데 내부적으로는 직급으로 부르지 않고, 이름 뒤에 '님'을 붙여서 불러요. 출퇴근 시간도 자율적이에요. 시간을 정해서 일하는 것보다 일의 결과와 몰입도를 더 중요하게 보기 때문이에요. 그리고 제가 무엇보다 중요하게 생각하는 것은 우리가 수행하는 프로젝트가 팀원들의 성장을 가로막지 않아야 한다는 거예요. 저는 팀원들에게 이 프로젝트가 본인의 성장을 방해한다고 느끼면 언제든 프로젝트에서 빠져도 된다고 이야기해요. 같은 팀이라고 해서 모든 프로젝트를 함께 할 필요는 없어요.

편 프로젝트에서 빠지는 것도 자유롭다니 좀 놀라운데요.

김 그런가요? 저는 팀원이 곧 자산이라고 생각해요. 팀원 개개인이 주체적으로 일하고, 자기 성장을 스스로 디자인할 수 있도록 배려하죠. 모두 제 몫을 잘하는 사람들이기 때문에 더 성장할 수 있도록 배려하고 믿어주는 거예요.

편 일반적인 회사 조직과 꽤 다른 모습이에요. 직장 문화에서도 새로운 변화를 일으키는 직군인 것 같아요.

김 일반 직장의 문화와 이 업계의 사람들의 문화 차이가 꽤 있어요. 제가 다른 금융권에서 일했을 때의 이야기를 해볼게요. 그 업계에서 AI를 도입할 때 독립된 AI 센터를 만들어서 전문가들을 채용했어요. 그런데 여러 가지 면에서 문제가 발생하더라고요. 먼저 기존 직원들과 복장부터 차이가 났어요. 저희는 헤드셋 꽂고 티셔츠에 청바지 입고 줄긴해노 뭐라고 하지 않는 분위기입니다. 그게 개발에 가장 큰 효율을 준다면 더욱이요. 그런데 양복이나 근무복을 입고 근무하는 다른 직원들에게 저희는 회사원의 복장도 안 갖춘 사람들로 보이는 거죠. 또 일을 할 때 저희는 일의 목표를 정하면 그게 실현되도록 일에만 집중하는 경향이 있어요. 결과가 나온 다음에 결과 보고를 하는 게 편한데, 조직 문화가 수직 구조인 곳은 중간에 일이 어느 정도 진척되었는지, 현재 어느 단계에 있는지 등 매일 혹은 일주일에 한 번은 보고서를 써서 위에 올리고, 상사의 재가를 받아야 하는 거예요. 어떤 일을 하나 제안하면 상사의 승인을 받아야 실행할 수 있는데, 도장을 세 개, 네 개를 받아야 일을 진행할 수 있는 거예요. 저희가 하는 일이 중간 보고서를 쓴다고 다 보여줄 수 있는 일이 아니고, 어려운 기술 용어들을 설명하며 관리자들을 설득하는 것도 쉽지 않은 일이에요. 그런 면이 어려웠어요.

편 수직적인 조직 문화를 가진 직장에서 일하는 게 쉽지 않겠네요.

김 그렇죠. 그런 조직들은 공채로 들어와서 수십 년을 한 직장에서 일하고, 계급이 있는 수직 구조예요. 상명하복의 기수 문화도 있지요. 그래서 또 써야 할 보고서도 많아요. 전통적인 조직은 다단계 보고와 승인을 통한 느린 실행 구조를 고수하는 경향이 있어요. 그런데 테크 분야는 실험해서 실패하면 반복하고, 실험해서 성공하면 다음 단계로 넘어가기 때문에 의사결정 구조가 매우 단순해요.

편 회사 내 동료들과도 갈등이 생길 것 같아요.

김 개발자들이 그런 조직에 들어갔다가 문화적 충돌이 심해 그만두는 사람들이 많았어요. 그런 문제를 해소하려고 직원 중에 일부 인원을 뽑아서 AI 전문가로 키우려는 시도도 했는데 그것도 성공적이지 않았죠. 외부에서 뽑은 전문가와 교육받은 직원들을 섞어 놓았는데 또 두 집단이 어울리지 못하고 갈등을 일으키자 분리하기도 했어요. 기업들도 초창기에 그런 문제를 겪으면서 이제는 이 분야 전문가들의 문화를 존중하는 쪽으로 방향을 바꾸고 있어요. 따로 팀을 꾸려서 독립성과 자율성을 보장하는 방향으로 일할 수 있는 환경을 구축해 주는 거지요.

편 근무 방식도 다를 것 같은데 어떤가요?

김 이 분야 전문가들은 회사원처럼 출퇴근 시간에 구속 받지 않는 분위기예요. 본인이 맡은 일을 기한 내에 수행하면 되기 때문에 편안한 시간에 출근할 수도 있고, 원한다면 재

택근무도 할 수 있고요. 지금 저희처럼 독립적인 팀을 꾸린 곳은 업무 보고 체계도 달라요. 문제가 생기면 관련자들이 수시로 모여 의논하고, 자유롭게 의사소통이 가능해 따로 형식을 갖춘 보고 체계는 거의 없어요.

# 이 일을 하면서 느끼는 어려움은
## 무엇인가요

편 이 일을 하면서 느끼는 어려움이 있다면 무엇인가요?

김 제가 생성형 AI 전문가로 일하면서 가장 어렵게 느끼는 점은, 제가 만드는 기술이 단순한 도구를 넘어 사람들의 삶과 일자리에 직접적인 영향을 줄 수 있다는 사실입니다. 기술의 성능을 높이는 일이 곧 누군가의 일을 줄이거나 사라지게 만들 수 있다는 점을 알게 되었을 때, 이 일에 대한 책임감을 더 무겁게 느끼게 되었습니다.

편 사회에 혁신이 일어나면 긍정적인 변화만 있는 건 아닌 것 같아요.

김 혁신이라는 단어는 긍정적으로 들리지만, 저는 항상 그 이면을 함께 생각하게 됩니다. 새로운 기술이 세상에 나올 때마다 편리함과 효율이 늘어나는 것은 사실이지만, 동시에 누군가는 소외되거나 밀려날 수도 있기 때문이에요. 기술이 만든 변화가 모두에게 이로운 것만은 아니라는 현실을 마주할 때면, 제 역할에 대해 더 깊이 고민하게 됩니다. 제가 그 기술을 만든 사람이라는 점에서, 법적으로는 문제가 없더라도 누군가에게는 일자리를 잃게 한 셈이 된다는 사실이 마음에 오래 남았습니다.

요즘은 기술이 인간에게 어떤 영향을 줄까, 또 그것이 공정하고 책임감 있게 사용되는 방법은 무엇일까 생각하는 시간이 늘었어요. 진정한 전문가는 단순히 기술을 잘 다루는 사람이 아니라, 그 기술이 어떻게 쓰이고 어떤 결과를 만들어 낼지를 함께 고민하는 사람이어야 한다는 책임감을 느끼죠. AI를 개발한다는 것은 결국 세상을 바꾸는 일이며, 그만큼 세상의 무게를 함께 감당해야 하는 일이라는 점을 늘 마음에 담아두고 있습니다.

# 어떤 때 보람을 느끼나요

편 이 일을 하면서 보람을 느끼는 순간은 언제인가요?

김 사람들이 제 도구를 통해 기존에는 오래 걸렸던 일들을 훨씬 빠르고 편하게 해내는 걸 볼 때 보람을 느껴요. 개발한 도구를 내놓고 처음엔 '사람들이 잘 쓸까? 쓰는 데 어려움은 없을까?' 하고 걱정이 많아요. 그런데 사용률이 꾸준히 증가하는 것을 보면 뿌듯해요.

편 개발한 AI 도구가 어떻게 사용되는지 데이터를 보고 바로 확인할 수 있다니, 이것도 이 분야의 특성인 것 같아요.

김 피드백이 확실한 거죠. (웃음) 제가 어떤 내부 AI 서비스를 개발했는데, 처음엔 한 달에 200명 정도 사용하더라고요. 그러니까 하루에 이 툴을 사용하는 사람이 10명도 채 안 되는 수준이었어요. 그런데 한 달에 4만 건 이상 정기적으로 사용하는 수준으로 점점 늘어났거든요. 그걸 보면 이게 단순한 기술이 아니라, 사람들이 일하는 방식을 실질적으로 바꾸고 있다는 길 느끼게 돼요. 이렇게 제가 하는 일로 누군가의 시간을 줄여주고, 쉽게 일할 수 있게 도와주고, 기존의 방식보다 더 나은 해결책을 찾는 것을 보면 기분이 좋죠.

[편] AI 도구를 사용한 경험이 좋으면 더 잘 사용할 것 같아요.

[김] 네, 한 번 그 효율을 체감하고 나면 대부분 계속 쓰게 됩니다. 사실 저희가 만든 AI 툴을 회사 내 모든 사원이 쓰는 건 아니에요. 강제 사항이 아니기 때문에 쓰는 사람이 있고, 안 쓰는 사람이 있어요. 그런데 써본 사람들은 확실히 본인 업무의 변화를 직접 경험했기 때문에 꾸준히 활용하는 것을 볼 수 있어요. 저희가 개발한 회계 전용 번역기를 쓰면서 수십 일 걸리던 작업을 몇 시간 만에 끝내거나, 기존에는 비용 문제로 불가능했던 작업을 가능하게 만드는 걸 보면 기술이 실질적으로 도움이 되고 있다는 걸 체감합니다. 그럴 때 정말 뿌듯하죠.

## 학습과 연구도 일의
## 연속인가요

🔘 **편** 매일 신기술이 쏟아져 나온다고 하셨는데, 그러면 일하시면서 학습도 하시는 건가요?

🔵 **김** 네, 새로운 이론이나 방법론들을 공부하고 연구하는 일을 꾸준히 하고 있습니다. 2024년에는 제가 직접 연구한 내용을 바탕으로 글로벌 학회지에 논문 두 편을 발표했고, 국제학회에 가서 직접 발표도 했어요. 이 분야에서 일하는 사람들은 새로운 기술이나 이론이 나오면 찾아서 학습하는 게 일상이에요. 계속 배우지 않으면 뒤처지기 때문에 이 일을 지속하는 방법은 끊임없는 학습과 연구입니다.

🔘 **편** 어떤 연구를 하시는 건가요?

🔵 **김** 이론이라기보다는 방법론에 더 가까운 연구인데요. 기존에는 어떤 모델을 이런 구조로 썼는데, 구조를 조금 바꾸거나 입력 방식을 다르게 했더니 성능이 훨씬 좋아졌다는 걸 실험을 통해 증명하는 거예요. 그 차이를 보여주는 게 제 연구의 핵심입니다. 연구할 때는 실험을 설계하고 데이터셋을 수집해서, 다양한 모델들과 비교하는 작업을 해요. 그런 결과

미국 학회에 연구 논문을 발표할 때 팀원들과 함께

를 바탕으로 논문을 쓰고, 학회에 제출해서 다른 연구자들과 결과를 공유하는 발표도 진행합니다. 지금도 논문으로 쓸 만한 작업을 진행 중이고요.

편 도구들을 더 편리하고 실용적으로 사용할 수 있도록 개선하는 연구를 진행하시는 거군요.

김 맞아요. 일을 하면서 어떻게 문제를 더 잘 해결할 수 있을까를 고민하고 그 방법을 찾아가는 과정 자체가 연구의 핵심이에요. 그런 과정에서 새로운 모델 구조를 제안하거나, 기존 방법보다 나은 결과를 낼 수 있도록 바꾸는 거죠.

# AI, 어떻게 써야 할까요

편 생성형 AI가 워낙 빠르게 발전하고 있는데, 이런 기술을 어떻게 사용하는 게 바람직하다고 생각하세요?

김 저는 무엇보다 'AI를 어디에 쓸 것인가'가 중요하다고 생각해요. 기술 자체의 성능이나 구현 능력은 이제 기본값이에요. 오히려 중요한 건 그 기술을 어떻게, 어느 분야에, 누구를 위해 쓰는가라고 생각합니다. 그래서 저는 기술보다 도메인 지식, 즉 자신만의 전문 영역을 가진 사람이 이 기술을 가장 잘 쓸 수 있다고 봅니다. 남들이 잘 모르는 분야를 깊이 아는 사람이 그 안에서 AI를 접목시킬 때 진짜 가치를 만들어낼 수 있어요.

편 그렇다면 기술이 너무 빠르게 퍼질 경우 어떤 위험이 생길 수 있을까요?

김 지금 나온 기술만 해도 솔직히 충분히 강력해요. 확산만 된다면 세상을 확 바꿀 수 있어요. 그런데 문제는 이걸 잘못 사용하거나, 악용하는 사람들도 누구나 접근할 수 있다는 점이에요. 가짜 뉴스, 조작된 이미지나 음성, 영상 같은 것이 너무 쉽게 만들어질 수 있거든요. 기술이 좋을수록 오히려 정책적 안전장치나 윤리적 기준이 더 중요해져요.

편 구체적으로 어떤 규제나 사용 원칙이 필요하다고 보세요?

김 가장 중요한 건 책임의 주체를 명확히 하는 거예요. 예를 들어 자율 주행차가 사고를 냈을 때, 그 책임이 운전자에게 있는지, 제조사인지, 아니면 AI 개발자인지 아직도 불분명하잖아요. AI가 일으킨 결과에 대해 누가 책임질 것인가를 먼저 정해야 합니다.

또 하나는 직업적 대체에 대한 사회적 합의예요. AI가 택시기사나 버스기사, 심지어 법률·회계·약사 같은 전문직을 대체하기 시작하면, 그 산업 안에 있는 사람들에게 어떤 전환을 제공할 것인지를 논의해야 해요. 기술이 구현되는 것과, 사회가 받아들일 준비가 된 건 별개거든요.

편 그런 점에서 사람들의 AI에 대한 인식도 좀 바뀔 필요가 있겠네요?

김 맞아요. 지금은 AI를 단순히 사람을 대체할 도구로만 생각하는 경우가 많아요. 하지만 저는 AI를 사람의 가능성을 확장시키는 파트너로 보는 게 더 바람직하다고 생각해요. 전문가만 쓰는 게 아니라, 비전문가도 얼마든지 창작하고 표현할 수 있는 시대가 된 거잖아요. 그러니까 AI를 무조건 막거나 두려워하기보다는, 어떻게 잘 활용할지를 교육하고 논의해야 할 때인 것 같아요. 특히 청소년들에게는 이 기술을 어떻게 써야 이로울 수 있을까라는 질문을 먼저 가르쳐야 한다고 생각해요. 사용법보다 더 중요한 건 사용 태도와 철학이거든요.

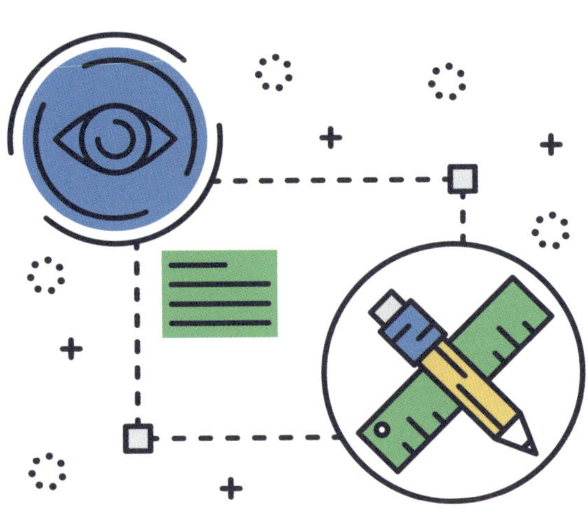

# GENERATIVE
# AI EXPERT

# 궁금한 이야기

# AI를 가장 잘 활용하는
# 사람들은 누구인가요

편 AI를 가장 잘 사용하는 사람들이 다름 아닌 개발자와 전문가라고 하는데, 사실인가요?

김 현재 AI를 가장 많이, 가장 잘 활용하는 사람들이 개발자들일 거예요. 어떤 보고서에 따르면 AI 개발자들이 코드 작성 시간 단축, 학습 속도 향상, 디버깅 효율 증가를 이유로 AI를 적극 활용한다는 결과가 나왔어요.

편 개발자와 전문가가 새로운 AI 툴을 만들 때 AI를 사용한다는 말씀이시죠?

김 스택 오버플로우Stack Overflow라는 세계 최대 규모의 Q&A 커뮤니티 플랫폼이 있어요. 주로 개발자, 데이터 과학자, IT 전문가 등이 이용하는 플랫폼으로 단순한 커뮤니티를 넘어서, 전 세계 개발자들의 지식 공유, 문제 해결, 학습을 위한 핵심 인프라로 자리 잡고 있어요. 여기서 매년 전 세계 개발자 대상 대규모 설문조사를 실시해, 사용 언어, 도구, 연봉, 일하는 방식 등을 발표합니다. 2024년 조사에 따르면 AI 도구를 사용하는 개발자의 82%가 AI 도구를 사용하여 코드를 작성하며, 81%의 개발자가 AI 도구가 생산성 향상에 도움이 된다고 답했어요. 또한, MIT Sloan과 Microsoft, Princeton 등의 공동 연구에 따르면, 생성형 AI 도구를 도입한 개발자들의 생산성이 향상되었고, 특히 경험이 적은 개발자들에게 더 큰 효과가 있는 것으로 나타났어요. 반복적인 작업을 자동화하여 개발자들이 더 창의적이고 고차원적인 작업에 집중할 수 있도록 돕는 거예요.

편 잘 아는 만큼 활용도가 높은 것 같아요.

김 맞아요. 어느 조사에서 보았는데, 세계 최고 수준의 기술력을 가진 개발자에게 본인의 코드 중 몇 퍼센트 정도를 AI가 짰느냐고 물었더니 95% 이상이라고 대답했대요. 인공지능을 제일 잘 사용하는 사람들이 생성형 AI 개발자, 전문가들이라고 확답할 수 있어요.

편 어떻게 활용하는지 구체적인 예를 들어주세요.

김 혹시 AI 자기 토론AI self-dialogue이라는 말을 들어보셨나요? AI 도구를 여러 개 동시에 열어두고 서로 다른 역할을 부여해 협업시키는 방식으로 업무를 수행하는 건데요. 마치 인간 팀원들이 하나의 문제를 해결하기 위해 각자 의견을 내고 토론하는 것과 비슷합니다. 이와 비슷한 원리로, AI들간의 협업을 하게 하는 '멀티 에이전트 협업<sup>Multi-agent collaboration</sup>'이라는 개념이 있습니다.

편 AI 를 여러 개 함께 사용해 일하는 사람들이 있다고 듣기는 했어요. 이렇게 하면 실제로 각각의 AI가 마치 다른 사람처럼 다른 의견을 내거나, 다른 역할의 업무를 하는 건가요?

김 네, 그렇습니다. AI 도구를 세 개 열고 하나는 마케팅 전략가 역할을 맡기고, 다른 AI에게 비판적인 데이터 분석가 역할을, 세 번째 AI에게는 최종 판단을 내리는 책임자처럼 작동하도록 설정했다고 해봐요. 그러면 이 세 개의 AI가 맡은 역할에 따라 문제를 분석하고, 의견을 내고, 해결 방안을 제시하는 거예요. 마치 인간 회의처럼 다양한 관점이 충돌하고 보완되며 더 나은 결과를 도출할 수 있어요.

이 방식은 콘텐츠 기획, 제품 홍보 전략 수립, 정책 아이디어 검토, 코드 리뷰 등 다양한 업무에서 활용되고 있습니다. 예를 들어 콘텐츠 제목을 정할 때 하나의 AI는 흥미 위주, 다른 AI는 정보 중심, 또 다른 AI는 검색 최적화 중심으로 아이디어를 내면, 기획자는 의견들을 비교하면서 최종 선택을 합니다. 또한, AI 전문가들도 이 방식을 사용해요. 어떤 코드에 문제가 있다고 의심될 때 한 AI에게 해결 방법을 묻고, 다른 AI에게는 그 해결책에 대한 반론이나 오류 가능성을 분석하게 하는 식으로 쓰는 거예요. 이렇게 하면 사용자는 다양한 의견과 반응을 빠르게 비교하며 더 나은 결정을 내릴 수 있어요. AI 하나만 쓸 때보다 더 풍부한 시각과 창의적인 해결책이 나오기 때문에 AI를 일종의 팀워크처럼 활용하고 있는 거예요. 앞으로는 이런 방식이 더 널리 확산되어, AI를 '도구'가 아니라 '함께 일하는 동료'로 운영하는 능력이 중요해질 거라 예상합니다.

# 인터넷에 연결되지 않고도
# AI를 사용할 수 있나요

**편** 앞으로 AI는 어떻게 발전하게 될까 기대가 되는데요. 인터넷 연결 없이 사용할 수 있는 AI도 가능하다는데, 정말 그런가요?

**김** 가능하죠. 온디바이스On-device라고 인공지능 기능을 클라우드 서버가 아닌 스마트폰, 태블릿, 스마트워치 같은 사용자 기기 자체에서 실행하는 기술이 있어요. 기존에는 음성 인식이나 이미지 분석 같은 AI 작업을 서버에서 처리하고 결과를 다시 기기로 전송했지만, 온디바이스 방식은 이 과정을 사용자의 기기 안에서 직접 수행합니다. 사용자는 인터넷 연결이 없거나 불안정한 상황에서도 AI 기능을 사용할 수 있고, 처리 속도도 더 빨라져요. 지금도 일부 사용되고 있는데요. 카메라의 야간 모드, 얼굴 인식, 스마트워치의 심박수 이상 감지, 음성비서의 '헤이 시리' 같은 호출어 인식 등이 대표적인 온디바이스 AI 사례입니다.

**편** 이 기술은 어떤 특징이 있나요?

**김** 개인정보 보호가 잘 된다는 게 가장 큰 장점이에요. 데이터를 외부 서버로 보내지 않기 때문에 사용자의 음성, 얼굴, 위치 정보 같은 민감한 데이터가 유출될 위험이 적어요. 또한, 네트워크를 거치지 않으니 처리 속도가 빠르고, 오프라인 환경에서도 기능이 작동하기 때문에 안정성과 접근성이 높아요. 반면에 기기의 연산 능력과 배터리 사용량에 제약이 있어서 복잡하고 큰 모델을 실행하기 어려운 단점도 있습니다. 이 문제를 해결하기 위해 AI 모델을 작게 만들고(경량화), 연산량을 줄이며, 전용 칩(NPU, GPU 등)을 활용하는 기술이 함께 발전하고 있어요.

# AI가 기술적 빈부 격차를
# 심화시키는 원인일 수 있나요

편 '이 세상은 AI 이전과 이후로 나뉜다'라고 말하는 사람들이 있어요. 그만큼 AI가 세상을 급격하게 바꾼다는 뜻인데요. AI를 어떻게 사용해야 할지 잘 모르는 사람들은 세상의 변화에 뒤처질 수 있다는 생각도 듭니다.

김 기술적 빈부 격차라는 말이 있어요. 기술을 알고 활용을 잘하는 것과 모르고 활용하지 못하는 것의 차이를 말하지요. 코딩할 때 코드의 95%를 AI가 짤 수 있을 정도로 활용하는 사람과 AI로부터 5%밖에 못 끌어내는 사람이 있어요. 그 결과 앞의 사람은 1, 2시간 만에, 뒷사람은 8시간 걸려서 코드를 짠다면 그 차이는 꽤 클 수밖에 없을 것 같아요.

편 AI 기술은 우리 삶을 더 편리하게 만들고 생산성을 높여주지만, 동시에 기술적 빈부 격차를 심화시키는 원인이 될 수도 있겠어요.

김 AI와 같은 첨단 기술에 대한 접근성과 활용 능력에 따라 개인, 기업, 국가 간에 발생하는 경제적·사회적 격차가 벌어질 거예요. 특히 AI는 단순한 정보 접근보다 한 단계 더 높은 활용 능력을 요구하기 때문에, 기술을 잘 다루는 사람은 더 많은 기회를 얻고, 그렇지 못한 사람은 점점 뒤처지게 됩니다. AI를 다룰 줄 아는 사람은 코딩 자동화 도구나 데이터 분석 모델을 활용해 업무 효율을 크게 높일 수 있고, 반복적인 작업을 줄이고 더 창의적인 일에 집중할 수 있어 고소득 직업으로 진입하기 유리합니다. 반면, AI 사용에 익숙하지 않거나 두려움을 느끼는 사람은 변화에 적응하지 못하고 기존 업무에서도 경쟁력을 잃을 수 있어요. 실제로 AI가 번역 작업량 처리 속도를 빠르게 하고 진입장벽을 낮춰서 오히려 번역 시장의 규모를 더 확장시켰고, AI를 잘 활용하는 번역가가 그 시장의 대부분을 점해가고 있는 상황입니다.

편 개인뿐만 아니라 기업과 국가도 격차가 생길 것 같은데, 어떤가요?

김 이것도 현실이 되고 있어요. 선진국이나 대기업, 상위권 대학은 AI 교육과 인프라를 갖추고 있어 AI 인재를 양성하고 기술을 빠르게 도입할 수 있지만, 개발도상국이나 중소기업, 교육 환경이 열악한 지역은 AI에 접근할 기회조차 적습니다. 이로 인해 글로벌 차원의 AI 격차가 발생하고 있어요.

OECD와 세계경제포럼WEF, MIT 등의 보고서에서도 이러한 격차를 뒷받침하는 연구 결과가 발표되었어요. OECD는 AI 를 빠르게 채택한 상위 20% 근로자의 소득과 생산성이 상승 한 반면, 하위 20%는 실직 위험이 커졌다고 분석했고, WEF 는 AI를 잘 활용하는 기업이 그렇지 못한 기업보다 40% 이 상 높은 수익을 내고 있다고 발표했어요. MIT와 OpenAI의 공동 연구에서는 AI 도구가 고숙련자의 생산성을 25~40% 향상시킨 반면, 저숙련자에게는 오히려 역효과가 나타나기도 했다고 보고했어요. 이처럼 AI 기술은 분명히 강력한 도구지 만, 이를 잘 이해하고 활용할 수 있는 능력이 점점 더 중요한 경쟁력이 되고 있습니다.

# AI가 두렵다는 사람들도 있는데,
## 어떻게 생각하세요

편 AI, 특히 생성형 AI를 두려워하는 사람들도 많은데요. 어떻게 생각하세요?

김 AI는 이미 우리 생활 속에 깊숙이 들어와 있어요. 의식적으로 AI를 찾아내지 않아서 보이지 않을 뿐입니다. 그렇기 때문에 AI 이전의 세상으로 돌아가기는 어려울 것 같고요. AI를 편리한 생활의 도구로 잘 활용하면 삶이 달라지는 것을 경험할 거예요. 혹시 '네이티브 AI<sup>Native AI</sup> 세대'라는 말을 들어본 적 있으세요?

편 처음 듣는데요. 어떤 뜻인가요?

김 미국에서 쓰는 단어인데, 인공지능을 태어날 때부터 자연스럽게 접하고 사용하는 세대를 의미해요. 마치 지금의 '디지털 네이티브 세대'가 스마트폰, 인터넷, SNS 같은 디지털 기술을 어릴 때부터 익숙하게 사용해 온 것처럼, 네이티브 AI 세대는 AI와 함께 자라며 AI를 일상 도구처럼 활용하는 세대를 말하죠. 태어났더니 이미 ChatGPT가 있었고, 코딩할 필요 없이 자연스럽게 사람의 언어로 AI를 다루는 아이들이에요. 숙제할 때 AI에게 질문하고, 글쓰기를 도와달라고 하거나, 그림을 그릴 때 AI의 도움을 받는 일이 너무나 자연스럽게 이루어져요. AI를 기술로 인식하기보다 환경으로 여기는 거죠. 이렇게 AI와 협업하는 능력, AI를 활용한 창작력, AI의 한계를 판단하는 감각 등을 자연스럽게 갖추게 되며, 이런 역량이 일종의 '기본 문해력AI literacy'처럼 되는 거예요.

편 듣고 보니 AI 환경에서 자란 아이들에게는 AI 없는 세상을 상상할 수도 없을 것 같아요. 지금 우리가 인터넷 없는 세상을 상상하기 힘든 것처럼 말이에요.

김 ChatGPT 같은 서비스는 처음부터 인공지능 자체가 제품의 중심이며, 사용자의 요청을 이해하고 응답하는 모든 과정이 AI 기반으로 이루어져 있기 때문에 AI 네이티브라고 부를 수 있습니다. 마찬가지로 TikTok은 사용자의 반응 데이터를 실시간 분석해 개인 맞춤형 콘텐츠를 제공하는데, 이처럼 AI가 운영의 중심인 플랫폼도 AI 네이티브에 해당합니다.

또한 기업 차원에서도 'AI 네이티브 조직'이라는 표현을 쓰기도 하는데, 이는 업무 프로세스와 의사결정 흐름 전반에 AI를 도입한 조직을 의미합니다. 예를 들어 채용 과정부터 고객 응대, 전략 수립까지 대부분을 AI가 분석하거나 제안하는 구조를 가진 기업이 이에 해당합니다.

네이티브 AI는 AI가 단순히 기능이 아니라, 설계 철학이자 중심 운영체계인 시스템을 의미합니다. AI가 중심이 된 사고방식과 구조로 만들어졌기 때문에 더 빠르게 데이터를 활용하고, 사용자에게 더 정교한 맞춤형 서비스를 제공할 수 있다는 장점이 있습니다. 앞으로 기술이 진화하면서 AI 네이티브 제품과 기업은 기존 시스템보다 훨씬 더 유연하고 경쟁력 있는 구조로 자리잡게 될 것으로 예상됩니다.

GENERATIVE
AI EXPERT

# 나도 생성형 AI 전문가

# AI로 토론 내용을
# 정리하고 요약하기

## 1. 토론하기

AI가 모든 것을 다 만들어줄 수 있는 세상에서 내가 하고
싶은 일은 무엇일까? 또는 AI가 많은 직업을 대체한다면,
사람들은 어떤 새로운 일을 하게 될지 자유롭게 상상하고
각자의 생각을 이야기합니다. (예: 제품 기획자, 디자이너,
AI와 함께 협업하는 직업 등)

## 2. 대화 스크립트를 복사해 ChatGPT에게 요약 시키기

# AI를 사용해
# 자기 소개 영상 만들기

1. ChatGPT의 도움을 받아 한국어 및 외국어로 자기 소개 글을 작성합니다.

2. HeyGen(https://www.heygen.com)에서 본인 사진을 업로
드해 영상을 만들어 보세요.

> **HeyGen 사용 방법**
>
> HeyGen을 사용하는 방법을 정리했어요. 순서대로
> 차근차근 실행해 자신만의 소개 영상을 만들어 보
> 세요.

https://www.heygen.com/

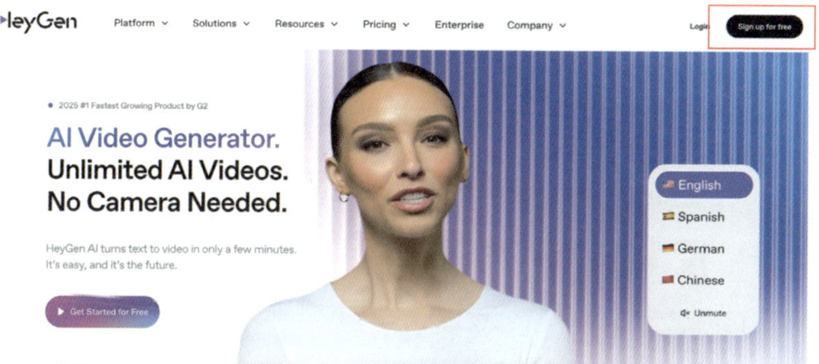

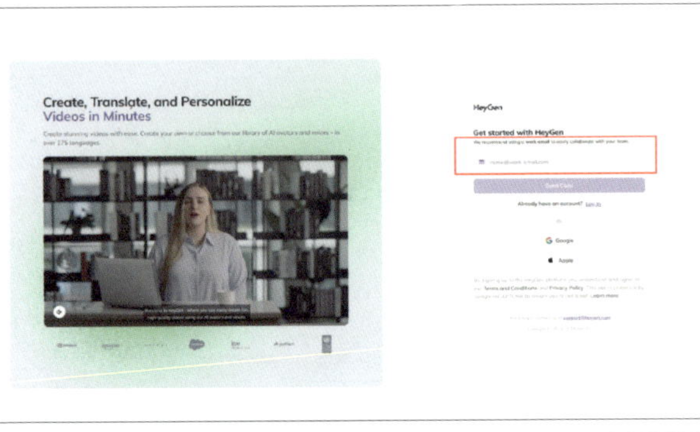

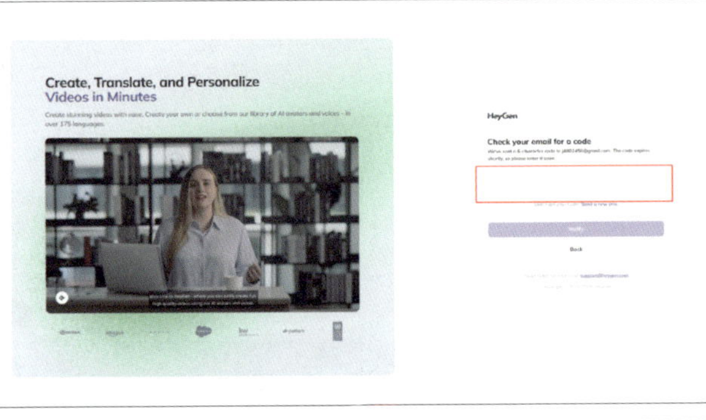

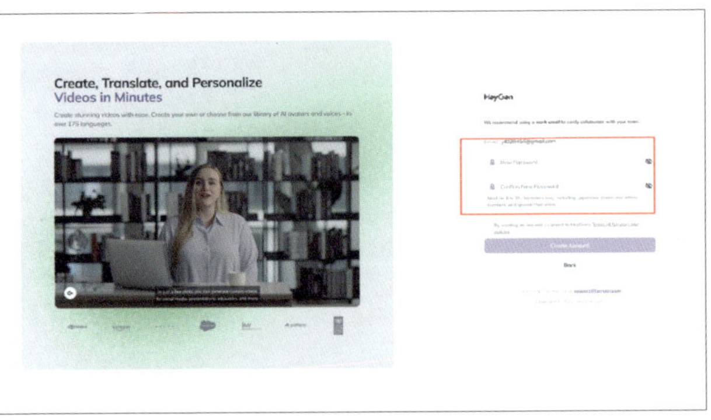

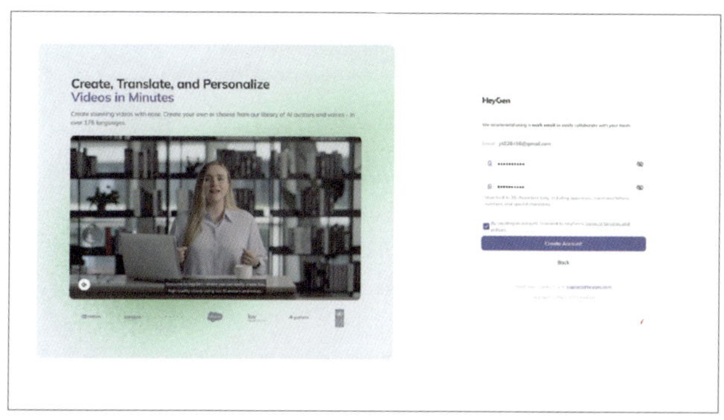

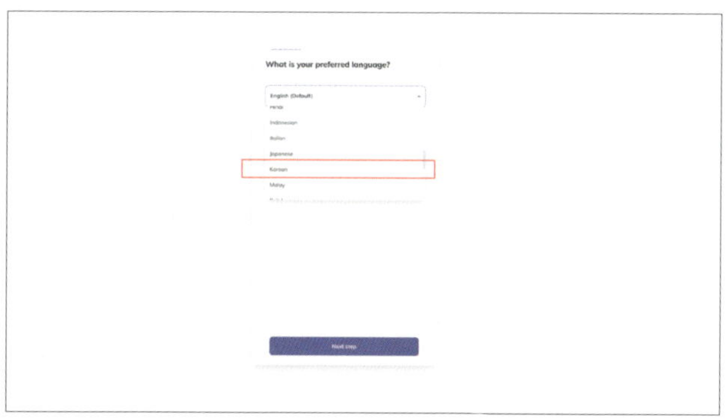

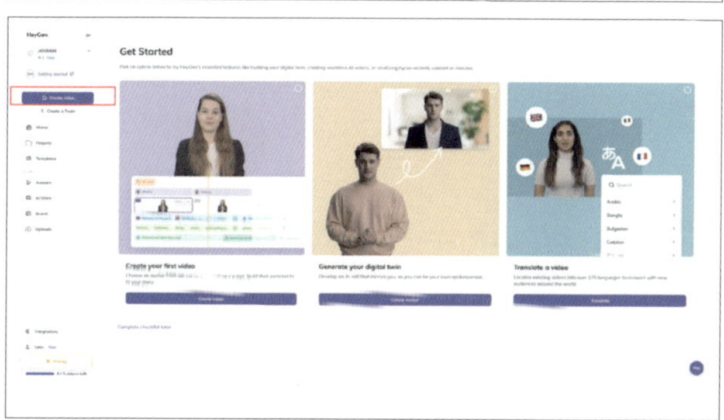

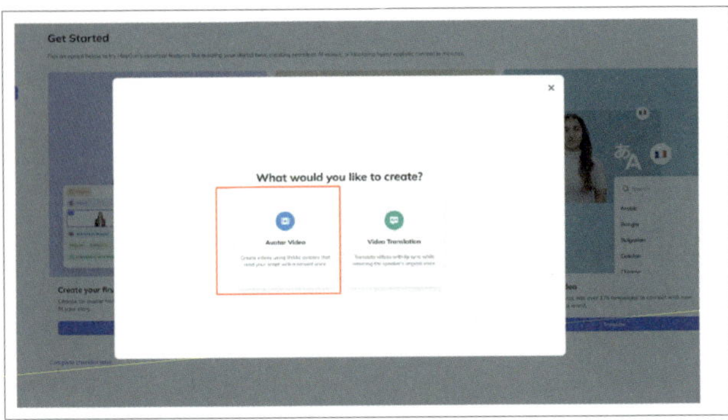

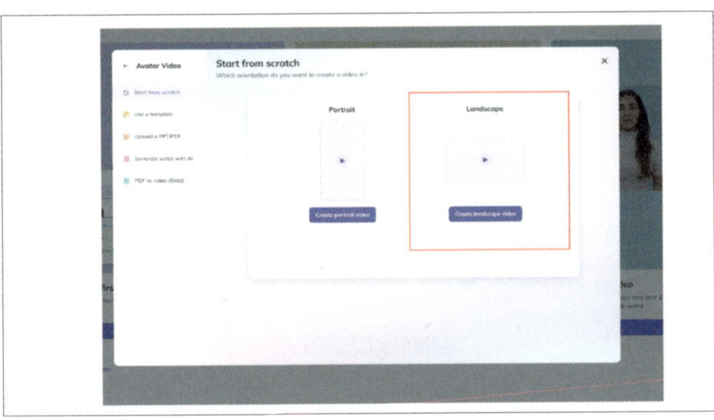

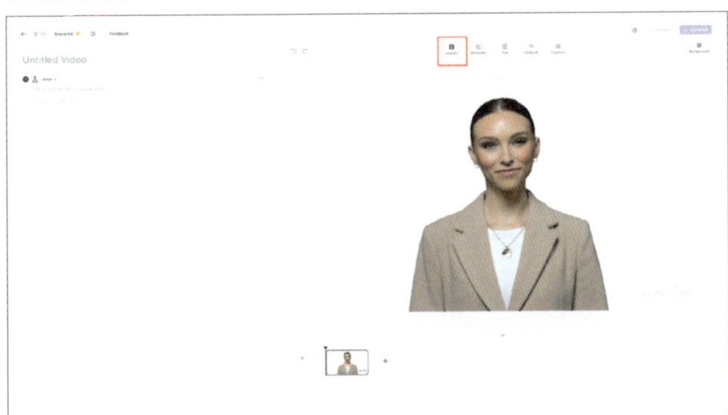

Create Your Avatar
Hyper Realistic Avatar
Custom Photo Avatar
Generate

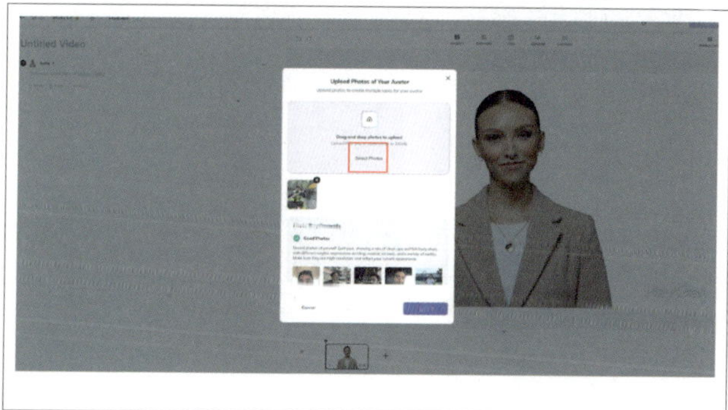

Upload Photos of Your Avatar
Drag and drop photos to upload
Select Photos

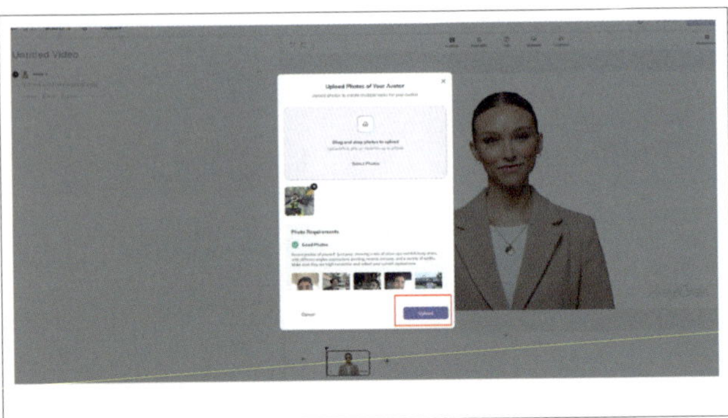

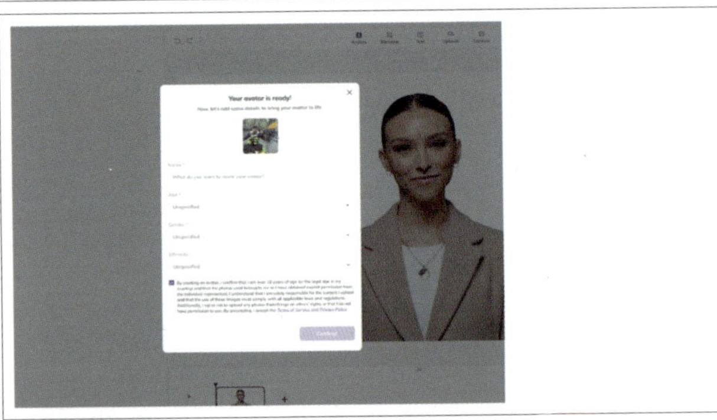

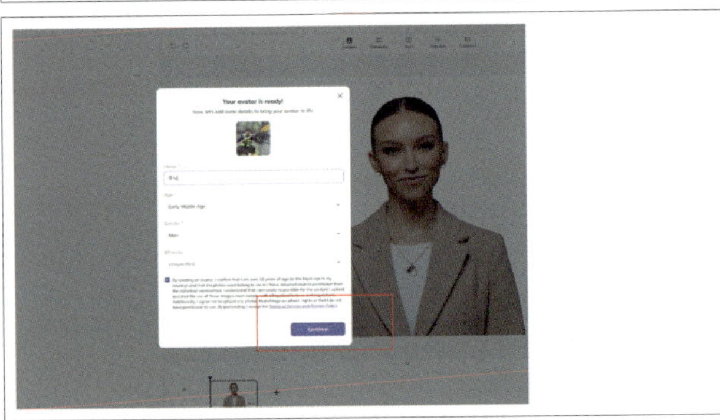

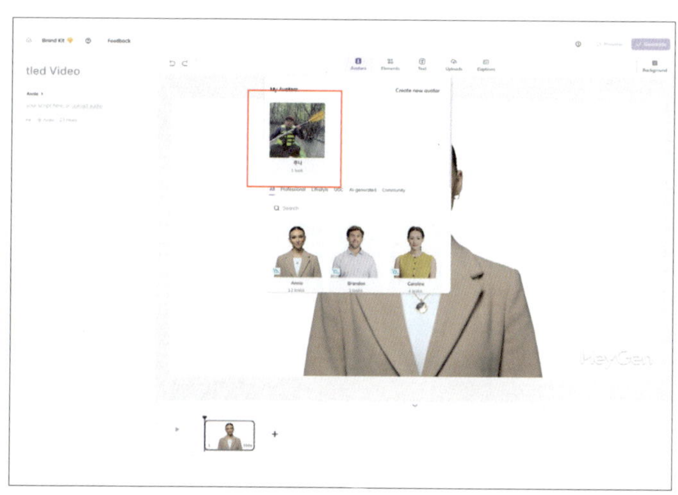

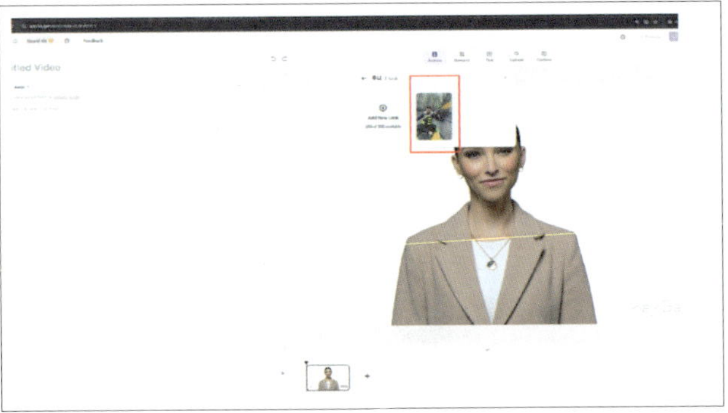

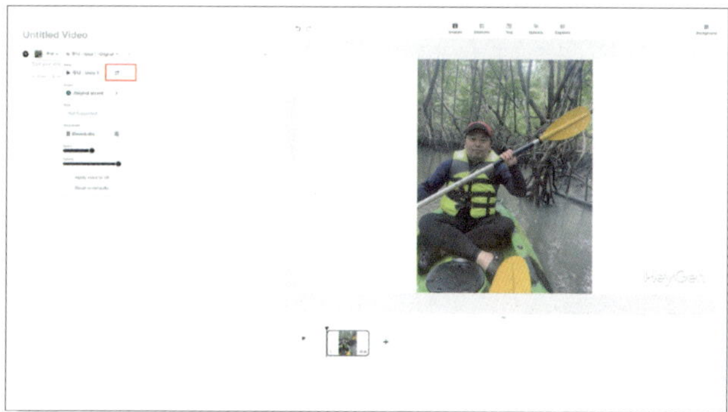

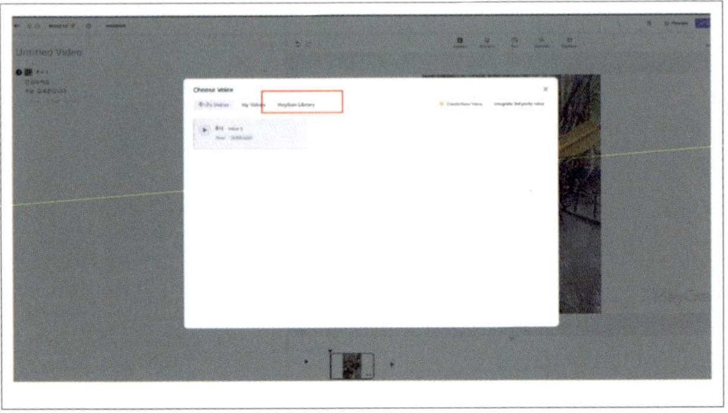

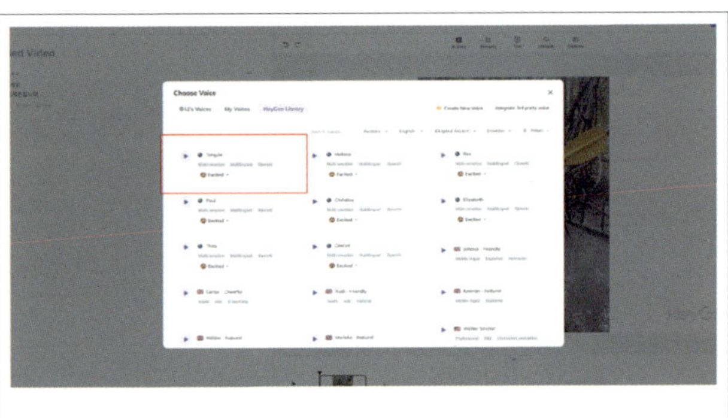

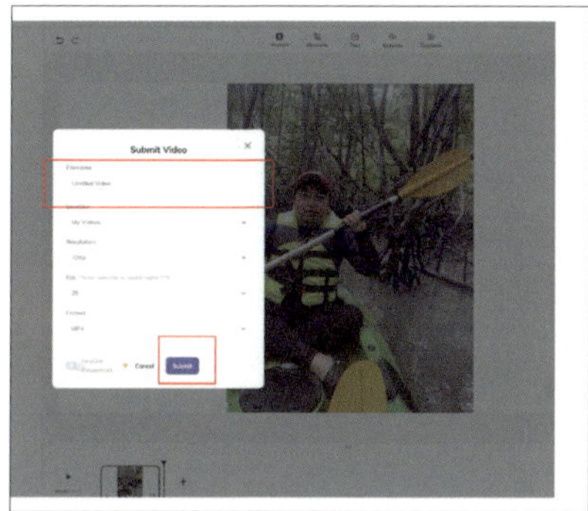

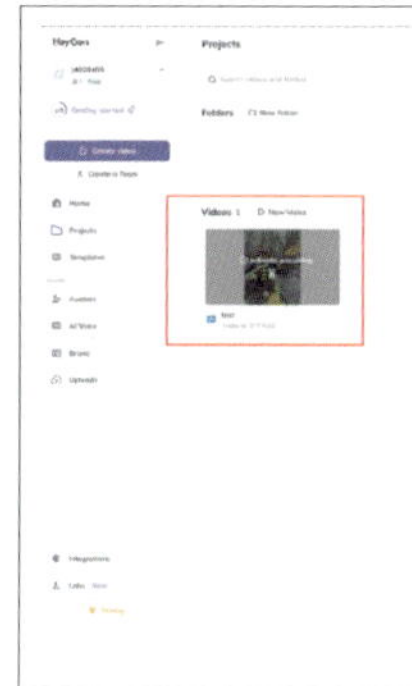

# AI로 작곡하기

**1. ChatGPT를 사용해 노래 가사를 만듭니다.**

노래 가사의 주제(봄, 우정, 로봇, 꿈 등)와 가사 분위기(밝은/슬픈/명랑한 등)를 정해 ChatGPT에게 가사를 만들어 달라고 합니다. 이때 꼭 들어가야 할 단어나 문장을 넣는 것도 좋습니다. 아래 밑줄에 ChatGPT가 만든 가사를 적어보세요.

## 2. Suno를 이용해 작곡을 합니다.

가사에 어울릴 음악 스타일(발라드, 힙합, 팝, 재즈, 아이돌 스타일, 게임 음악 등)을 정해 가사와 주제, 또는 장르를 넣어 AI에게 작곡을 요청합니다.

Suno 사용 방법

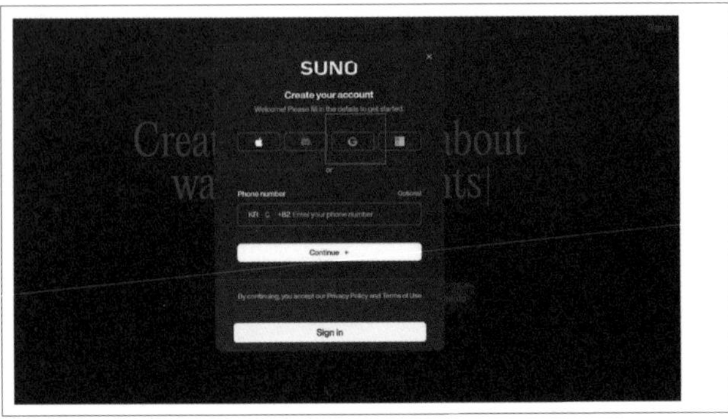

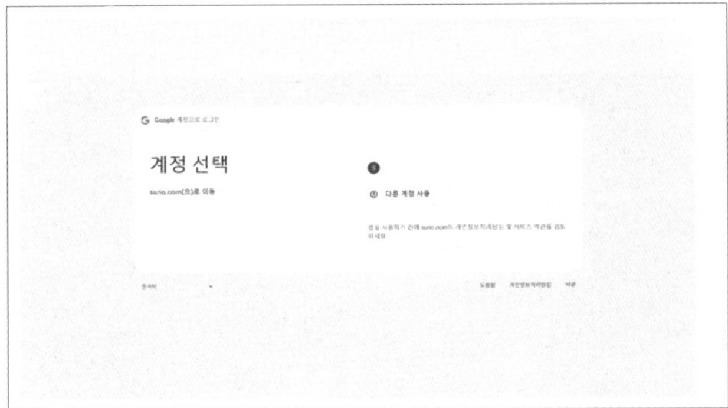

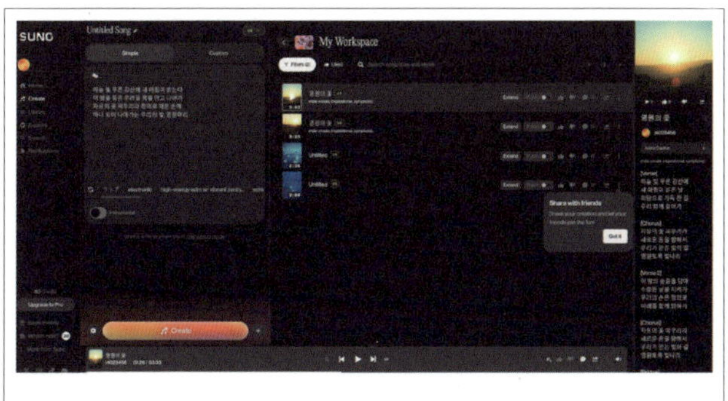

# AI를 활용해
# AI 서비스 기획하기

구글은 바둑, 게임에 이어 단백질 구조 예측 등에 AI 활용 영역을 넓히고 있어요. 구글 딥마인드 AI는 첨단산업 분야에 쓰일 수 있는 신소재 수십만 개를 추려내는 기술을 개발했는데, 앞으로 차세대 배터리, 청정에너지, 초전도체 등에 필요한 신소재 개발 속도를 크게 앞당길 것으로 기대됩니다. 또한, 구글은 AI를 활용해 거의 모든 단백질 구조를 예측할 수 있고, 이를 기반으로 신약 개발에 투자하고 있어요

여러분도 개발하고 싶은 분야의 서비스를 생각하고 AI를 활용해 기획해 보세요.

혁신적인 기술로 미래를 설계하는
**생성형 AI 전문가**

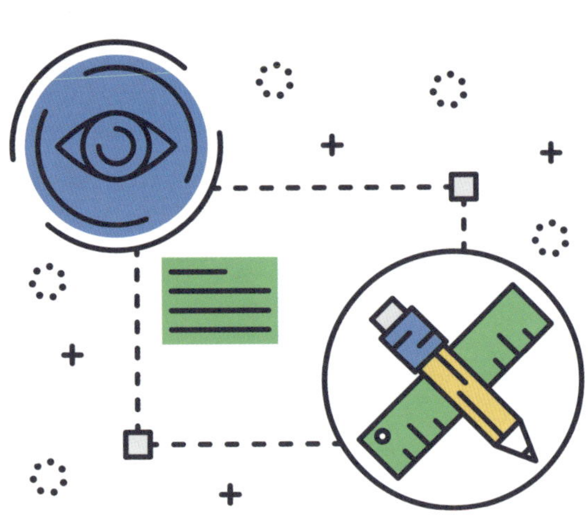

# GENERATIVE
## AI EXPERT

# 생성형 AI 전문가 김세준 스토리

편 김세준 님의 개인적인 이야기를 들어보는 시간이에요. 먼저 어릴 적엔 어떤 아이였는지 말씀해 주세요.

김 저는 굉장히 외향적인 아이였어요. 매년 반장도 했고, 친구들 사이에서 무언가를 결정하거나 이끄는 걸 좋아했어요. 책임지는 걸 두려워하지 않았고요. 그리고 어릴 때부터 비효율적인 걸 보면 가만히 있지를 못했어요. '왜 이렇게 돌아가지? 왜 이렇게 불편하지?' 하고 궁금한 게 많았고, 그걸 효율적으로 바꾸는 데서 희열을 느꼈어요. 질문이 정말 많았고, 그걸 그냥 넘기지 않고 계속 파고드는 성격이었죠.

편 어른들에게 질문을 많이 했겠어요.

김 궁금한 게 많아서 질문도 많이 했죠. 이를테면 "사람은 왜 죽는 거예요?", "호랑이랑 사자는 교배가 되는데 왜 개구리랑 사람은 안 돼요?" 같은 질문도 했어요. (웃음) 어른들은 당연히 안 되는 거라고 하면서 왜 안 되는지 이유는 말해주지 않았어요. 저는 그 이유가 궁금해서 집에 있는 발생학 서적을 찾아보다가 자연스럽게 과학에 빠지기도 했죠. 저는 호기심이 생기면 혼자 조용히 파고드는 방식이 아니라, 사람들에게 자꾸 질문하고, 설명하는 걸 좋아했어요. 그래서 어른들 눈엔 조금 엉뚱한 아이처럼 보였을 수도 있겠죠.

편 호기심 많고 질문이 많은 아이였는데, 혹시 기계나 장치 같은 데도 관심이 많으셨나요?

김 네, 그랬어요. 어릴 때 고장 난 기계들을 뜯어보고 고쳐보는 걸 정말 좋아했어요. 납땜도 배우고, 라디오 조립 대회 같은 데도 나갔었고요. 혼자 하다가 모르면 철물점 가서 직접 물어보고 배웠어요. 안 되는 것을 되게 만드는 것에 관심이 많았죠.

편 그런 관심사가 지금 하는 일에도 영향을 미치고 있다고 생각하세요?

김 관련이 있어요. 생성형 AI는 기존의 방식으로는 해결이 안 되던 문제를 새롭게 풀어야 하는 영역이잖아요. 예를 들어 어떤 사람은 해결할 과제가 10개인데 그중에 한 개라도 안 될 것 같으면 '이건 불가능해'라고 쉽게 단정짓고 포기하는 상황에서, 저는 '10개 중에 1개만 되더라도 해볼 만하다'라고 생각해요. 그 하나의 가능성만 있어도 시작해 볼 명분이 있다고 느끼는 쪽이에요. 대다수가 불가능하다고 여길 때 가능하도록 만들고 싶은 전투력이 생긴다고 할까요.

편 다시 어린 시절 이야기로 돌아가 볼게요. 특별히 좋아했던 교과목이 있다면요?

김 저는 과학을 정말 좋아했어요. 과학 올림피아드 같은 대회도 나가고, 탐구형 활동도 즐겼고요. 그런데 의외일 수 있지만, 컴퓨터엔 큰 흥미가 없었어요. 친구들은 컴퓨터 게임도 하고, 코딩 수업 같은 걸 듣기도 했는데, 저는 그런 데 거의 관심이 없었어요. 제가 진짜 궁금했던 건 현실 세계의 문제들이었어요.

편 어릴 적엔 뭐가 되고 싶었나요?

김 과학 분야에서 활동하고 싶었던 것 같아요. 고등학교 때 미국으로 유학을 갔고, 대학에 입학할 때 전공은 생물학을 선택했어요. 어릴 때부터 과학에 관심이 많아서 재미있을 줄 알았는데, 연구실 안에서 반복적으로 실험하는 게 저랑 안 맞는다고 느꼈어요. 그래서 경제학 쪽으로 전공을 바꿨어요. 사실 그때는 돈을 많이 벌고 싶다는 단순한 동기가 있었고, 금융 쪽으로 진출하는 것이 멋있어 보이기도 했어요. 또 더 활발한 활동 같아서 흥미도 있었고요.

편 대학을 졸업할 때까지 AI와는 전혀 관련이 없는 공부를

🤖💬 뉴욕대학교 졸업식

하셨어요. 그러면 언제 이 분야에 관심을 가지게 된 거예요?

김 사실 학부에서 경제학을 배울 때부터 프로그래밍을 공부했습니다. 프로그래밍을 기반으로 경제 데이터들을 분석하는 것이었죠. 뉴욕에서 대학을 마치고 한국에 돌아와 서울대 대학원에 진학했어요. 그때 본격적으로 데이터 분석 수업을 들으며 처음으로 머신러닝과 프로그래밍 언어를 섭했죠. AI 자체가 재미있다기보다 그걸 활용해서 비즈니스 문제를 푸는

과정이 너무 흥미로웠어요. 그리고 생성형 AI 분야에서 일하
게 된 건 이 분야가 가진 창조성과 실험성 때문이에요. 저는
예측 불가능한 것들을 탐구하고, 실험하고, 이유를 찾아보는
걸 좋아해요. 세계 어디에도 없던 걸 처음 만들어보는 것, 그
게 제 성향이랑 잘 맞는 것 같아요.


편 대학원 석사과정 중 AI에 관심을 가지고, 이후에 집중적
으로 학습하신 거네요.

김 석사를 마치고 연세대학교 인공지능대학원이 처음 생겼
을 때 들어갔어요. 그때만 해도 교재가 없어서 논문으로 실
험을 하나하나 확인하며 배웠어요. 그런데 저는 좋았어요. 성
공한 실험보다 실패한 실험에서 더 많은 것을 배웠거든요. 생
성형 AI는 새로운 것을 만들어가는 분야라서 정답이라는 것
이 없고, 때로는 기존에 없던 방식이 통할 수도 있어요. 실험
이 실패했을 때 어떤 사람은 '자료가 없어서 못 해, 선례가
없어서 못 해'라고 힘들어 하기도 하는데, 저는 그럴 때 오히
려 새로운 과제를 해결하고야 말겠다는 도전하는 욕구가 생
겨요. 새로운 실험을 즐기기도 하고요. 실패에 대한 두려움이
별로 없어요. 실패하면 다시 또 해보면 되지, 이런 마음이죠.

서울대학교 석사 졸업식

편 관심 있는 분야를 공부하다 차츰차츰 본인이 흥미롭게 여기는 일을 찾고, 선택의 기회가 왔을 때 과감하게 나아간 느낌이에요.

김 그렇죠. 처음부터 이 길을 선택한 건 아닌데, 관심이 가는 쪽으로 몰입하다 보니 지금의 자리에 있게 되었네요. 아마 이 일이 저랑 잘 맞았던 것 같아요. 역동적이고, 실험도 많고, 시행착오도 많고, 내가 의도한 대로 흘러가지 않는 경우도 많아 힘들 때도 있지만, 거기서 또 창작의 기쁨을 느끼거든요.

편 워낙 새로운 분야를 개척하는 일을 좋아하는 분이라 일 자체를 즐긴다는 인상을 받아서 이 일을 포기하고 싶었던 적은 없을 것 같은데, 어떠세요?

김 아뇨, 그만두고 싶었던 적 많아요. (웃음) 업무가 힘들어서가 아니라 사람의 문제로 힘들었죠. 몇 년 전만 해도 기업에서는 AI를 활용하는 것이 도움이 될지 확신하지 못했어요. 그런데 저는 2022년부터 줄곧 생성형 AI의 개발과 도입을 회사에 주장해 왔어요. 분명히 도움이 될 거고, 머지않은 미래에 AI가 산업의 혁신을 일으킬 것이라는 확신이 있었거든요. 하지만 기업에서는 성공 사례가 있는지 먼저 확인하려고 하지, 먼저 시험 케이스가 되고 싶지는 않았어요. 지금처럼 활용 사례가 많은 시절이 아니었거든요. 그래서 기술의 가능성을 설명하는 일이 정말 어렵더라고요.

 아직 실현되지 않은 기술을 설명하는 건 정말 어려운 일이었을 것 같아요.

 맞아요. 예전에 일하던 회사에서도 비슷한 일이 있었어요. 당시 CEO는 가능성을 이해하고 관심을 가졌지만, 현업 사업부 리더들은 AI를 활용해서 어떤 점이 좋은지 도저히 머릿속에 그려지지 않는다며 납득하지 못했죠. 어떻게 보면 제 역량 부족이기도 했고, 한편으론 새로운 기술을 도입하는 데 확신이 없었던 사람들의 판단도 이해가 되죠. 그런데 불과 2년 만에 그때 설명했던 것들이 다 현실이 되긴 했어요. 이 일은 이 분야를 잘 모르는 사람들에게 끊임없이 이해를 시켜가면서 해야 해요. 그런데 내가 옳다고 생각한 방향이 받아들여지지 않거나, 이해받지 못한다고 느껴질 때는 스트레스가 쌓이죠.

 청소년 교육을 할 때 특별히 강조하는 것이 있나요?

 저는 미래세대가 이 기술을 잘 익혀 세상을 더 나은 방향으로 만드는 데 쓰면 좋겠어요. 거기에 제가 작은 역할을 하면 더 좋고요. 그래서 주말에 시간을 내서 아이들에게 강연을 할 때가 있는데요. 저는 이 기술을 단순히 사용하는 법만 가르치는 것이 아니라, '어떻게 써야 하는지'에 대한 가치와 태도까지 알려주는 교육이 필요하다고 생각합니다. 아직 판단력이 완전히 성숙되지 않은 시기의 아이들이 단지 재미나 호기심으로 기술을 잘못 쓰는 경우가 생각보다 많고, 그로 인해 다른 사람에게 상처를 줄 수도 있기 때문이에요.

예전에는 전문가나 개발자만 다룰 수 있었던 기술들이 이제는 누구나 몇 번의 클릭이나 짧은 명령어로 이미지, 영상, 음성까지 만들 수 있는 세상이에요. 이런 접근성은 분명 긍정적인 면도 있지만, 동시에 악용될 가능성도 큽니다. 생성형 AI를 이용해 가짜 뉴스나 조작된 영상, 이미지를 만들고 유포하는 일은 이제 너무 쉬워요. 음성도 단 몇 초만 있으면 그럴듯하게 복제할 수 있어요. 실제로 존재하지 않는 사람의 얼굴을 만들어 퍼뜨리거나, 누군가의 말을 조작해서 진짜처럼 들리게 만드는 일도 가능합니다. 기술만 보면 놀라운 일이지만, 이런 것들이 잘못된 목적에 사용될 경우 사회적 피해가 아주 클 수밖에 없어요.

그래서 기술을 어떻게 써야 사람에게 이로울 수 있는지, 어떻게 써야 자신과 다른 사람 모두를 지킬 수 있는지에 대한 교육이 꼭 필요하고, 그것을 실천하는 게 제 역할이라고 생각해요. AI 전문가로서 이 기술의 가능성과 위험을 동시에 알고 있는 사람이기에, 더욱 책임감을 가지고 아이들에게 바른 기술 사용법을 알려주고 싶어요. 기술을 잘 쓰는 사람이 되기 위해서는 단지 능력뿐 아니라 바른 의도와 목표가 함께 있어야 한다고 봅니다.

편 생성형 AI 시대를 살아갈 청소년들에게 꼭 해주고 싶은 말이 있다면요?

김 기술은 도구일 뿐이에요. 중요한 건 '내가 이걸로 무엇을 할 것인가'예요. 세상을 더 나은 방향으로 바꾸기 위해 AI를 활용하려는 마음이 있다면, 어떤 기술도 여러분에게 힘이 되어줄 거예요. 단지 빨리 배우는 것보다, 깊이 이해하고, 책임 있게 사용하는 태도를 갖추는 것이 더 중요하다고 이야기하고 싶습니다.

편 유용하고 편리한 기술을 잘 활용하는 것 못지 않게 바르게 사용해야 한다는 말씀 감사합니다. 미래의 주인공인 청소년의 인생 설계에 노움이 되기를 바리며 생성형 AI 선문가 편을 마칩니다.

청소년들의 진로와 직업 탐색을 위한
잡프러포즈 시리즈 81

혁신적인 기술로
미래를 설계하는

**생성형 AI 전문가**

2025년 9월 12일 초판 1쇄

지은이 | 김세준
펴낸이 | 김민영
펴낸곳 | 토크쇼

편집인 | 박성은
표지디자인 | 이든디자인
본문디자인 | 문지현
홍보 | 이예지

출판등록 | 2016년 7월 21일 제 2023-000173호
주소 | 서울시 마포구 월드컵북로98, 2층 202호
전화 | 070-4200-0327
팩스 | 070-7966-9327
전자우편 | myys327@gmail.com
ISBN | 979-11-94260-45-5(43190)
정가 | 15,000원